KB110598

조선왕조실록 4

인조 ~ 정조 편

차례
Contents

들어가며

당쟁의 시대 – 인조 · 효종 · 현종 · 숙종

조선의 제16대 왕 인조는 반정으로 광해군을 몰아내고 왕위에 올랐다. 반정 세력은 광해군이 동기를 살해하고 모후를 폐한 패륜 행위를 저질렀다는 것과 명에 대한 은혜를 저버리고 오랑캐와 교분을 맺었다는 사실을 명분으로 반정을 정당화했다. 그러나 이것은 어디까지나 표면적인 이유에 불과했다. 대북 정권 독주에 대한 서인 세력의 불만이 반정의 직접적인 원인이었다.

반정 성공 이후 반정을 주도했던 서인이 세력을 장악한 가운데 논공행상에서 불이익을 당한 이괄(李适)이 불만을 품고 난을 일으켰다. 바로 '이괄의 난'이다. 인조가 도성을 떠나 공주까지 피난을 가는 초유의 사태가 발생했지만, 결국 이괄의 난은 관군에 진압되었고 인조는 다시 환도했다.

인조와 서인 세력은 반정의 명분을 중시해 친명배금(親明排金) 정책을 썼다. 결과 1627년(인조 5)에 정묘호란(丁卯胡亂)이 일어난 데 이어, 1636년(인조 14)에 병자호란(丙子胡亂)이 일어났다. 인조는 세자와 비빈들을 먼저 강화도로 보내고 나머지 관료와 남한산성으로 들어가 항거했지만 역부족이었다. 척화파(斥和派)와 주화파(主和派)가 치열한 논쟁을 벌였으나, 결국에는 삼전도에서 항복했다. 치욕적인 군신의 예를 맺은 조선은 소현세자(昭顯世子)와 봉림대군(鳳林大君: 훗날 효종)을 청나라에 볼모로 보내야만 했다. 1645년(인조 23), 소현세자가 8년 만에 풀려나 귀국했으나 얼마 후 의문의 죽음을 당하고 봉림대군이 세자의 자리에 앉았다. 이후 인조는 소현세자의 비였던 강빈(姜嬪)을 사사했다.

이렇게 봉림대군이 인조의 뒤를 이어 왕위에 오르니, 그가 제17대 왕 효종이다. 효종은 산림(山林: 학식과 덕이 높으나 벼슬을 하지 않고 숨어 지내는 선비)을 대거 기용했다. 이들은 주로 충청도 지역의 재야 학자였다. 산당(山黨)은 정계 진출과 함께 훈구 세력인 김자점(金自點)의 낙당(洛黨)과 원두표(元斗杓)의 원당(原黨)을 탄핵·축출했다. 이렇게 낙당과 원당이 퇴조하자 산당과 한당(漢黨)이 대립했다. 한당은 정통 관료 출신인 김육(金堉)을 중심으로 대동법(大同法)을 시행하는 등 국가의 토대를 안정시키기 위한 정책을 펼쳤다. 이러한 점이 산당과 대립한 요인이었다. 결국 산당의 영수 김집(金集)이 벼슬을 버리고 낙향하면서 정국은 한동안 한당 중심으로 운영되었다.

산당은 1658년(효종 9)에 김육이 죽고 북벌이 구체화되면서 다시 입조했다. 이후 이들은 막강한 세력을 구축하게 되었다. 효종은 북벌의 파트너로 송시열(宋時烈)을 선택했다. 그러나 내부의 중요성만을 강조한 송시열의 북벌론은 효종의 뜻과 달랐다. 결국 효종은 북벌의 꿈을 이루지 못하고 종기 치료 중에 갑자기 죽고 말았다.

효종에 이어 왕위에 오른 제18대 왕 현종의 재위 기간은 예송(禮訟)으로 점철되었다. 바로 기해예송(己亥禮訟)과 갑인예송(甲寅禮訟)인데, 이는 모두 인조의 계비인 자의대비(慈懿大妃) 조 씨의 복상(服喪) 문제와 관련이 있었다. 자의대비의 복상 문제는 효종을 적장자로 볼 것인가 아닌가의 문제에서 비롯된 것으로, 이는 곧 현종의 정통성과도 직결되는 문제였다.

두 차례의 예송에서 송시열을 위시한 서인과, 윤휴(尹鑴)·허목(許穆)·윤선도(尹善道) 등의 남인이 서로 다른 주장을 펼치며 반목했다. 결국 예송 논쟁은 현종의 결단으로 현종 자신과 인조의 정통성을 확립하는 방향으로 매듭지어지긴 했으나 완벽한 왕권 확립은 아니었다.

현종이 죽고 그의 아들 숙종이 14세의 나이로 왕위에 올랐다. 제19대 왕 숙종은 어린 나이에도 정치력을 발휘해 왕권 강화에 힘썼다. 숙종은 경신환국(庚申換局)·기사환국(己巳換局)·갑술환국(甲戌換局) 등 환국을 여러 차례 일으켰다. 이때마다 남인·서인 사이에 정권이 바뀌고 많은 사람이 희생되었다. 이런 점에서 숙종의 재위 기간은 조선 시대를 통틀어 정치 세력의 기복이 가장 심했던 시기라고 할 수 있다. 이러한 과정에서 서인은 노론(老論)과 소론(小論)으로 갈려 대립했는데, 숙종은 병신처분(丙申處分)으로 노론의 손을 들어주었다. 결국 이렇게 노론과 소론 사이의 세력 균형이 깨지고, 이후 노론의 시대가 열리게 되었다.

한편 숙종은 정유독대(丁酉獨對)를 통해 세자 교체의 뜻을 드러냈으나, 세자에게 대리청정(代理聽政)을 맡긴 지 3년 만에 죽고 말았다. 결국 세자는 별 탈 없이 왕위에 올라 제20대 왕 경종이 되었다.

『인조실록』은 인조 재위 26년 2개월간의 역사를 편년체로 기록했으며, 정식 이름은 『인조대왕실록』이다. 모두 50권 50책으로 간행되었으며, 1650년(효종 1) 8월에 편찬이 시작되어 1653년(효종 4) 6월에 완성되었다.

『효종실록』은 효종의 재위 기간 10년의 역사를 편년체로 기록했으며, 정식 명칭은 『효종대왕실록』이다. 본문 21권 21책과 효종의 「행장(行狀)」「지문(誌文)」「시책문(諡冊文)」「애책문(哀冊文)」 등이 수록된 부록을 합쳐 총 22책으로 구성되어 있다. 1660년(현종 1) 5월에 편찬이 시작되어 이듬해 2월에 완성되었다.

『현종실록』은 현종의 재위 기간 15년의 역사를 기록했으며, 정식 이름은 『현종순문숙무경인창효대왕실록』이다. 『현종실록』과 『현종개수실록』 두 종류가 편찬·간행되었다. 전자는 남인이 정권을 잡은 시기에 모두 22권으로 간행되었고, 후자는 서인이 정권을 잡은 시기에 28권으로 간행되었다.

『숙종실록』은 숙종의 재위 기간 46년의 역사를 기록했으며, 정식 이름은 『숙종현의광륜예성영렬장문헌무경명원효대왕실록』이다. 모두 65권 73책으로 간행되었으며, 1720년(경종 즉위년) 11월부터 편찬이 시작되어 1728년(영조 4) 3월에 완성되었다. 『숙종실록보궐정오』는 1728년(영조 4)에 소론이 편찬한 것으로, 영조 초에 노론이 편찬한 『숙종실록』을 수정·보완하기 위한 것이다. 정식 이름은 『숙종현의광륜예성영렬장문헌무경명원효대왕실록보궐정오』며, 별책으로 편철하지 않고 『숙종실록』의 매 권 말미에 함께 묶었다.

당쟁에서 탕평의 시대로 – 경종·영조·정조

숙종은 노론과 결탁해 세자 교체를 꾀했다. 그 결과가 정유독대에 이은 세자의 대리청정이었다. 대리청정을 하는 동안 세자가 실수하면 꼬투리 잡을 의도였다. 그러나 세자는 별다른 실수를 하지 않았고, 3년의 대리청정 끝에 왕위에 올랐다. 그가 바로 제20대 왕 경종이다.

노론이 세제 연잉군(延礽君: 영조)을 후사로 이으려는 의도를 노골적으로 드러내자, 노론과 소론의 대립도 격화되었다. 그 결과 노론 4대신(四大臣: 김창집·이이명·이건명·조태채)을 비롯한 많은 노론이 화를 입은 신임옥사(辛壬獄事)가 일어났다.

왕위에 오르기 전부터 병약했던 경종은 결국 후사 없이 재위 4년 만에 죽었다. 그리고 연잉군이 왕위를 계승해 제21대 왕 영조가 되었다. 영조는 '노론이 선택한 임금[擇君]'이라는 정치적인 부담을 안고 통치를 시작했다. 특히 신임옥사에 대한 충역시비(忠逆是非)와 의리 문제가 정치 현안으로 떠오르면서, 영조 재위 전반기는 극심한 노소 대립으로 정국이 혼란스러웠다.

경종 독살설 유포와 함께 일어난 무신란(戊申亂: 일명 이인좌의 난)으로 충격을 받은 영조는 당쟁의 폐해를 실감하고는 탕평 정책을 펼쳤다. 초기에는 소론 탕평파를 내세워 노소 보합의 원칙에 따라 정국을 운영해 어느 정도 안정을 되찾을 수 있었다. 그런데 돌연 영조는 경신처분(庚申處分)을 통해 소론을 몰아내고 노론을 기용하면서 자신의 본심을 드러냈다. 노론 4대신에 대한 신원은 물론 신임옥사가 무옥(誣獄: 죄가 있는 것처럼 꾸며 죄를 다스림)임을 선언한 것이다. 이로써 정국의 주도권은 노론에게 돌아갔다.

또한 영조는 1741년(영조 17)에 신유대훈(辛酉大訓)을 대내외에 천명하면서 임인옥사(壬寅獄事)가 무옥임을 확정하고, 경종에게 불충했다는 자신의 혐의를 벗었다. 이후 영조는 서원 철폐, 전랑통청권(銓郎通淸權) 혁파 등 탕평과 왕권 강화에 방해가 되는 요소를 혁파했다. 이때부터 영조는 전제 군주가 된 것이다.

정치적인 우위를 차지한 노론은 다시 세자의 외척인 홍봉한(洪鳳漢) 가문을 중심으로 한 부홍파(附洪派)와, 이에 대립하는 공홍파(攻洪派)로 갈려 대립했다. 이 와중에 사도세자(思悼世子)의 비행이 불거지면서 영조가 사도세자를 뒤주에 가두어 죽게 한 전대미문의 사건, 임오화변(壬午禍變)이 일어났다. 이때는 부홍파마저 세자에게 등을 돌렸다. 이후 영조는 균역법(均役法)을 실시하는 등 위민 정책을 펼치며 안정적으로 정국을 이끌었다.

영조는 83세까지 장수하며 무려 52년 동안이나 왕위에 있었다. 그런 영조가 죽고 사도세자의 아들인 세손 정조가 제 22대 왕에 올랐다. 정조는 즉위하자마자 홍국영(洪國榮)을 내세워 자신을 위협하는 외척을 제거했다. 또한 영조가 펼쳤던 탕평책 정신을 계승했다. 그러나 정조의 탕평은 영조의 완론(緩論) 탕평보다는 의리가 분명한 준론(峻論) 탕평을 채택했다.

정조는 왕권 강화를 위해 규장각을 설치하고, 초계문신(抄啟文臣) 제도를 도입하는 등 친위 세력 구축에 나섰다. 한편 세손 시절부터 정조 보호에 앞장섰던 홍국영은 왕의 신임을 바탕으로 병권까지 장악하며 세도 정치를 펼쳤다. 그러나 그의 권세는 오래가지 않았다. 권력에 대한 욕심이 도를 넘어 정조의 눈 밖에 난 까닭이었다.

홍국영의 몰락 이후 반(反)정조 세력인 벽파(僻派)와 친(親)정조 세력인 시파(時派)가 대립하기 시작했다. 정조는 시파 준론을 중심으로 의리(義理) 탕평을 펼치면서 현륭원 이장, 장용영(壯勇營) 강화, 화성 축조 등을 통해 왕권을 강화해나갔다. 그 뒤로 자신감을 얻은 정조는 군주도통론(君主道統論)을 내세우며 벽파를 자극했다.

1800년(정조 24), 정조는 임오의리(壬午義理)를 공개적으로 천명하는 오회연교(五晦筵敎)를 발표했다. 이는 자신이 사도세자의 아들임을 밝힘과 동시에 사도세자 모해에 가담했던 자에 대한 엄중한 경고였다. 이에 벽파는 심히 동요했다. 그런데 오회연교 발표 후 채 보름이 지나지 않아 정조가 갑자기 죽었다. 정조의 죽음으로 그가 펼쳐온 탕평은 종말을 맞이하고 벽파 정권이 들어서게 되었다.

『경종실록』은 경종이 재위한 4년간의 역사를 기록한 것으로, 정식 이름은 『경종덕문익무순인선효대왕실록』이다. 모두 15권 7책으로 활판 간행되었는데, 1726년(영조 2)부터 편찬해 1732년(영조 8)에 완성되었다. 많지 않은 분량이지만 노소 간 대립으로 정국이 혼란해 편찬하는 데 시간이 오래 걸렸다.

한편 영조 초에 편찬된 『경종실록』은 정조 때 다시 『경종수정실록』으로 수정 편찬되었다. 모두 5권 3책이며, 1778년(정조 2)에 편찬해 1781년(정조 5)에 완성되었다. 『경종수정실록』을 편찬한 이유는 『경종실록』이 소론 중심으로 편찬되어 노론에게 불리한 내용이 많았기 때문이다. 노론은 이에 불만을 품고 수정을 건의했는데, 조정에서 이를 받아들여 수정이 이루어졌다.

『영조실록』은 영조가 왕위에 있던 52년간의 역사를 편년체로 기록한 것으로 모두 127권으로 간행되었다. 본래의 명칭은 『영종지행순덕영모의열장의홍륜광인돈희체천건극성공신화대성광운개태기영요명순철건건곤녕익문선무희경현효대왕실록』이고 줄여서 『영종대왕실록』이라고 했는데, 고종 때 묘호를 영조로 개정하면서 『영조실록』으로 부르게 되었다.

1778년(정조 2) 2월에 편찬을 시작해 3년 6개월 만인 1781년
(정조 5) 7월에 완성되었다.

　『정조실록』은 정조가 왕위에 있었던 24년간의 역사를 편
년체로 기록한 것이다. 본래 이름은 『정종문성무열성인장효
대왕실록』이고 줄여서 『정종대왕실록』이라고 했는데, 영조와
마찬가지로 고종 때 묘호를 정조로 개정하면서 『정조실록』으
로 부르게 되었다. 본서 54권과 부록 2권을 합쳐 모두 56권
56책으로 간행되었으며, 1800년(순조 즉위년) 12월에 편찬해
1805년(순조 5) 8월에 완성되었다.

제16대 인조, 서인의 시대가 열리다

반정으로 왕위에 오른 인조

조선의 제16대 왕 인조는 선조의 손자며, 정원군(定遠君: 훗날 원종으로 추존)의 맏아들이다. 이름은 종(倧), 자는 화백(和伯). 어머니는 구사맹(具思孟)의 딸인 연주군부인(連珠郡夫人) 구씨(인헌왕후로 추존)다.

그는 태어날 때 몸에서 붉은 광채가 나고 기이한 향기가 진동했으며, 외모 또한 비범했다고 한다. 오른쪽 넓적다리에 검은 점이 무수히 많았는데 선조는 이것이 한나라 고조의 상이니 누설하지 말라고 했다. 궁중에서 인조를 애지중지 길렀기 때문에 광해군은 그를 그다지 좋아하지 않았다고 한다. 1607년(선조 40)에 능양군(綾陽君)에 봉해졌다.

인조와 더불어 반정을 주도했던 세력은 신경진(申景禛)과 구굉(具宏)의 집안사람들로, 이들은 인조반정 후 정사공신에 대거 책봉되었다. 신경진은 인조의 숙모였던 신성군부인(信城郡夫人)의 동생으로, 이항복(李恒福) 휘하의 명망 있는 무신이었다. 또한 인조의 외삼촌이었던 구굉과는 사촌 간이었다. 이들은 대북의 독주 속에서 정치적으로 소외되어 불만을 품고 있었다. 이들은 율곡의 문인인 이귀(李貴)를 중심으로 한 서인 문신 집단과 반정 추진 세력을 형성하고 거사를 계획했다.

1620년(광해 12), 함흥판관을 지낸 이귀와 유생 김자점의 모의가 조정에 발각이 되었다. 이귀와 김자점은 율곡과 우계의 문하에서 동문수학한 사이로, 이귀의 딸이 김자점의 아우와 혼인해 사돈지간이기도 했다. 모의가 발각되자 김자점은 이귀의 딸을 궁중에 들여보냈다. 그리고 이귀의 딸을 통해 당시 광해군이 가장 총애하던 상궁 김개시(金介屎)에게 뇌물을 주어 포섭했다. 김 상궁이 힘을 쓴 덕분에 조사를 뒤로 미룰 수 있었다.

2년 뒤 평산부사로 부임한 이귀는 다시 신경진과 모의했다. 때마침 당시 평산 지방에 호환(虎患)이 많았던 터라, 이를 구실로 삼았다. 그해 12월, 이귀는 범을 잡는다는 핑계로 장단

방어사 이서(李曙)의 세력을 끌어들였다. 그런데 유천기(柳天機)의 고변으로 이귀가 파직되면서 거사 계획은 다시 해를 넘기게 되었다. 이미 이귀의 계획이 여러 사람의 입을 통해 퍼져나간 터라 더 이상 거사를 미루기도 힘들었다. 결국 이귀는 당시 훈련대장으로 많은 병력을 소유한 이흥립(李興立)으로부터 동참의 뜻을 받아낸 뒤 군사를 움직이기 시작했다.

1623년(광해 15) 3월, 능양군은 친위 부대를 거느리고 연서역(延曙驛) 마을에 주둔했다. 대장 격인 김유(金瑬)를 비롯해 이귀·최명길(崔鳴吉)·김자점·심기원(沈器遠) 등은 700명 안팎의 사병을 거느리고 홍제원(弘濟院)에 모였다. 당시 장단방어사 이서의 부하 700여 명과 능양군의 친병은 뒤늦게 합류했는데, 이서를 비롯해 대장을 맡기로 한 김유가 제시간에 나타나지 않았다. 먼저 도착한 반정군은 곧 동요하기 시작했다. 이에 반정군은 이괄을 새 대장으로 삼고 반정을 밀고 나가려 했으나 뒤늦게 김유와 이서의 군대가 도착했다. 그 바람에 김유와 이괄 사이에 불화가 생겼고, 이귀 등의 중재로 반정군의 대장은 다시 김유가 맡게 되었다.

그렇게 대오를 가다듬은 반정군은 아무런 방해도 받지 않고 창의문을 통과해 창덕궁으로 향했다. 미리 협력을 약속한 이흥립은 궁문을 열어주고 피했다. 상황을 파악한 광해군은 창덕궁 후원의 소나무 숲으로 가서 사다리를 놓고 내시에게

업혀 도성을 넘어 도망갔다. 이렇게 반정이 성공하고 인조가 왕위에 올랐다.

인조는 능양군 시절인 1610년(광해 2)에 한준겸(韓浚謙)의 딸과 혼인했으며, 한 씨는 인조가 왕위에 오르자 인렬왕후(仁烈王后)에 봉해졌다. 인조의 자식은 6남 1녀다. 이 중에서 인렬왕후는 소현세자와 봉림대군을 비롯해 4명의 아들을 낳았다. 인렬왕후는 1635년(인조 13)에 죽었는데, 인조는 3년 후인 1638년(인조 16)에 조창원(趙昌遠)의 딸 장렬왕후(莊烈王后)를 계비로 맞이했다. 장렬왕후에게는 소생이 없었다.

반정의 명분

중종은 반정이 일어나는 순간까지도 자신이 추대되리라는 사실을 몰랐다. 이에 비해 인조는 반정 과정에서 군자금을 대기도 하고 반정 당일에는 군사를 직접 지휘할 정도로 주도적인 역할을 했다. 광해군과 대북 정권은 평소 무예에 능하고 인망도 높았던 인조의 동생 능창군을 역모로 몰아 죽였다. 그 충격으로 인조의 아버지 정원군마저 병을 얻어 죽으니, 인조는 광해군과 대북 정권에 대한 원한이 사무쳤다.

인조가 왕위에 오르자 대대적인 숙청의 바람이 불었다. 제일 먼저 참형을 당한 사람은 상궁 김개시였다. 광해군의 총애를 미끼로 마음대로 권세를 부렸던 탓이다. 아울러 유희분(柳希奮)·이이첨(李爾瞻)·정인홍(鄭仁弘)·박엽(朴燁)·정준(鄭遵) 등 대북 정권에서 권세를 누리며 서인의 미움을 샀던 인물이 줄줄이 처형되거나 유배되었으며, 그 수가 수백 명에 이르렀다.

광해군은 폐주에 대한 예우를 주장한 이원익(李元翼) 등 여러 신하의 만류 덕분에 신문과 형벌은 면할 수 있었다. 그리고 노산군이나 연산군처럼 세자로 책봉되기 이전의 봉호인 광해군으로 강봉된 채 여생을 유배지에서 보내다 죽었다. 세자로 책봉될 때부터 끊임없이 정통성 문제로 고통받아왔던 광해군은 폐모살제(廢母殺弟)까지 저지르며 정통성을 수호하려고 했다. 그러나 결국 인조반정으로 축출되면서 정통성을 세우고자 투쟁했던 30여 년의 세월에 종지부를 찍었다.

한편 반정 세력에는 반정을 정당화할 명분이 필요했다. 이들이 내세운 첫 번째 명분은 동기를 살해하고 모후를 폐한 패륜 행위였다. 성리학으로 무장한 사림에는 패륜 행위를 저질렀다는 그 자체만으로도 정변을 일으킬 만한 동기가 충분했다. 두 번째로 내세운 명분은 명에 대한 은혜를 저버리고 오랑캐와 교분을 맺었다는 점이다. 그러나 이들이 내세운 명분은 그야말로 반정을 위한 구실일 뿐이었다.

실상 광해군 자신은 폐비절목에 대해 끝까지 시행을 보류하고자 했다. 또한 외교 문제에서도 후금의 침략을 사전에 막을 수 있었다는 점에서 오히려 긍정적인 평가를 내려야 할지도 모른다.

이괄의 난

인조반정 후 정국의 주도권은 서인 반정공신들에게 돌아갔다. 그러나 이들은 중종반정 때만큼 백성의 전폭적인 지지를 받지 못했다. 당시 여론은 반정이 단지 군주를 바꾼 것에 지나지 않는다고 여겼고, 공신 세력에 대해서도 냉소적이었다. 그러면서 정국을 수습하는 데 상당한 진통이 수반되었다. 인조대에 빈번하게 일어난 역모 사건이 이러한 상황을 단적으로 보여준다. 특히 반정 후 채 1년도 안 되어 일어난 반정 2등 공신 이괄의 반란은 내란임에도 왕이 피난까지 가야 했던 충격적인 사건이었다.

이괄은 한때 반정군 대장으로까지 추대되었던 자신이 겨우 2등 공신밖에 되지 않은 것에 불만을 품고 있었다. 그리고 불만의 시작은 김유와 갈등하면서부터 비롯되었다. 김유는 거사 전 반정군의 총지휘를 맡기로 내정되어 있었다. 그런데 이미 조정에 이러한 사실이 고변되어 체포령이 내려졌다는 소식을 듣고는 약속 장소인 홍제원에 가지 않았다. 김유가 오지 않자 이귀는 이괄에게 대장의 중임을 맡기고 군사를 움직이려고 했다. 이때 김유가 뒤늦게 도착했다. 대장직은 다시 김유에게 맡겨졌다. 이 일로 이괄은 김유에 대해서 좋지 않은 감정을 갖게 되었다.

이후 이괄은 인조 앞에서 김유의 비겁함을 노골적으로 비방하는가 하면, 왕이 베푼 잔치에서는 자신의 자리가 김유보다 아래에 있다며 불쾌감을 드러내기도 했다. 이렇듯 이괄은 사사건건 김유와 다투었다. 그런 가운데 김유·이귀·김자점·심기원·이흥립 등 대부분의 반정 주모자들이 1등 공신이 되어 판서에 제수되었다. 그에 반해 이괄은 단지 반정에 늦게 참여했다는 이유로 겨우 2등 공신으로서 한성판윤의 자리밖에 오르지 못했다. 그의 공에 비하면 박한 대접이었다. 공론도 그가 차별 대우를 받았다고 여길 정도였다.

한편 광해군 폐출 이후 조선과 후금 사이에는 팽팽한 긴장감이 감돌고 있었다. 조정에서는 대비책을 강구하지 않을 수 없었다. 북방 경비는 곧 국가의 흥망과 연결되는 일이었으므로 유능한 지휘관 파견이 무엇보다도 시급한 문제였다. 이에 왕은 장만(張晩)을 도원수에 임명하고, 전략에 밝고 통솔력을 요구하는 부원수 겸 평안병사에는 이괄을 임명했다.

인조 정권이 들어서고 2년째로 접어든 어느 날, 이괄과 그의 아들을 비롯해 한명련(韓明璉)·기자헌(奇自獻) 등이 군사를 일으켜 반란을 꾀하려 한다는 고변이 들어왔다. 이에 기자헌 등 40여 명이 붙잡혀 와 국청에서 문초를 겪었다. 그러나 아무런 단서도 찾지 못한 데다 이괄에 대한 고변 내용은 모호하기 이를 데 없었다. 이귀는 인조에게 이괄을 붙잡아 오도록 요청했다. 그러나 인조는 이괄이 충성스러운 사람인데 어찌 반심을 가졌겠느냐고 오히려 두둔하며, 이괄을 제외하고 이괄의 아들과 주변 인물들을 서울로 붙잡아 올 것을 명했다.

이러한 사실을 안 이괄은 분노했다. 그는 그의 부하 장수 이수백(李守白)·기익헌(奇益獻) 등과 대책을 상의하며 이렇게 말했다.

> 나에게는 오직 아들 한 명밖에 없는데 그 애가 잡혀가서 장차 죽임을 당할 것이니 어찌 아비가 온전할 수가 있겠는가. 일이 이미 급해졌으니 남아가 죽지 않는다면 몰라도 잡혀 죽으나 반역하다 죽으나 죽기는 일반이니, 어찌 능히 머리를 숙이고 죽음을 받겠는가.
>
> 『연려실기술』 24권, 인조조 고사본말

마침내 이괄은 1624년(인조 2)에 반란을 일으켰다. 함께 역모를 꾸몄다고 거론된 한명련도 군사를 이끌고 합류했다. 영변을 출발한 이괄의 반란군 규모는 1만 2,000여명에 이르렀고, 이 중에는 임진왜란 당시 항복했던 왜인 130여 명도 포함되었다. 반란군은 관군과 충돌을 피하기 위해 영변—자산—상원—평산—개성을 잇는 샛길을 택했다. 반란군의 남하 소식을 들은 평양의 도원수 장만을 비롯한 관군은 다수의 병력을 동원해 이를 저지하고자 했다. 그러나 황주·평산·마탄·송도, 청석동 그리고 수도 방비의 마지막 보루인 임진강에서 관군은 잇달아 패하고 말았다. 이괄이 장수들의 목을 베어서 보내니 관군의 사기는 더욱 떨어졌다.

임진강 방어막이 무너진 그날 밤, 인조는 서울을 떠나 피난길에 올랐다. 그런데 공주로 피난을 가는 동안 인조는 떠난 민심을 뼈저리게 느꼈다. 인조를 따르는 백성은 한 명도 없었고, 한강에 이르렀을 때는 배를 숨겨놓기까지 했다.

이렇게 인조가 서울을 떠나 고생하는 동안 이괄은 어떠한 저항도 받지 않고 서울에 입성했다. 백성은 그를 열광적으로 환영했다. 각 관청의 서리와 하인들이 의관을 갖추고 나왔고, 백성은 길을 깨끗이 쓸어내고 황토를 깔기까지 했다. 자신감을 얻은 이괄은 선조의 열 번째 아들인 흥안군(興安君)을 새 임금으로 세웠다.

그런데 흥안군은 엉뚱한 짓을 잘하기로 소문이 나 있었다. 그는 이괄 등에게 벼슬을 내려주고 군사들에게 술과 고기를 잔뜩 먹이는 등 벌써부터 임금 행세를 하고 있었다. 이를 본

백성은 이괄의 사세도 그리 오래가지 않겠다고 여겼다.

한편 도원수 장만은 경기감사 이서 등과 함께 계속 반란군을 추격해 마침내 서울을 포위할 수 있었다. 장만 부대는 밤에 군사를 이끌고 안현(길마재)에 올라가 유리한 고지를 점령했다. 다음 날 아침에야 이 사실을 안 이괄은 군대를 출동시켰다. 처음에는 이괄 군대의 전세가 유리한가 싶더니 곧 관군의 기세가 올라 이괄의 군대를 격퇴시켰다. 단 한 번의 승리로 관군은 이괄의 반란을 제압할 수 있었다. 전투에서 패한 이괄은 경기도 이천 묵방리(墨坊里)까지 달아났으나, 자기와 한편이었던 기익헌·이수백 등의 배신으로 죽임을 당했다.

이괄의 난은 이후 일어날 정묘호란·병자호란과 함께 인조대에 일어난 큰 난리 중 하나로 꼽힌다. 그만큼 위협적이었다. 반란이 실패하자 한명련의 아들 한윤(韓潤)은 후금으로 도망가 조선의 어수선한 상황을 알렸다. 이러한 움직임은 정묘호란이 일어나게 된 원인 중 하나가 되었다.

원종 추숭

인조반정은 인목대비(仁穆大妃)의 교서에 명시된 바와 같이 종사를 다시 일으키고 백성을 도탄에서 구해냈다는 점으로 합리화되었다. 집권 정당성은 인정받았던 것이다. 그러나 종통의 정당성까지 확보한 것은 아니었다.

　조선 시대는 가통(家統)·종통(宗統)·왕통(王統)·학통(學統) 등 이른바 '통'을 중시하는 문화로, 개인보다는 공동체 유지와 강화를 중시했다. 특히 16, 17세기에 이르러 성리학이 한층 심화되면서 예학 체계가 왕조례(王朝禮) 중심에서 사대부례 중심으로 변하고 있었다. 이러한 과도기 상황에서 원종(元宗) 추숭(追崇)을 둘러싸고 논란이 벌어졌다.

　반정으로 광해군을 쫓아내고 왕위에 오른 인조는 정당한 왕위 계승권자가 아니었다. 그렇기 때문에 선조와 인조를 이어주는 아버지 대의 자리가 빌 수밖에 없었다. 당연히 인조와 그를 추대한 공신들은 이를 정상적인 왕통으로 바꾸어놓고 싶었다. 그러나 이 문제는 『가례(家禮)』의 원칙에 따라 왕이 반정한 사실을 생부 정원군의 사당에 고하는 것에서부터 불거졌다. 즉 「축문」에 정원군을 아버지라 쓸 수 있느냐 없느냐 하는 것이었다.

　인조와 공신을 비롯한 일부 신하들은 친자 관계를 그대로 인정해 정원군을 아버지로, 인조를 그의 아들이라 불러야 한다고 주장했다. 그러나 대다수의 유신은 이를 반대하고 나섰다. 인조가 선조의 왕위를 계승한 것이니 할아버지인 선조를 아버지로, 아버지인 정원군은 백숙부(伯叔父)로 불러야 한다는 것이었다.

이러한 논란의 배후에는 당시 산림으로 명망 높았던 김장생(金長生)과 박지계(朴知誡)가 있었다. 특히 김장생은 왕조례의 특수성을 들어 정원군과 인조를 숙질간으로 삼아야 한다고 주장했다. 당시 관료와 학자들은 대부분 인조가 선조를 바로 계승했기 때문에 종통상 부자 관계로 인정하는 데는 이론이 없었다. 하지만 김장생의 주장은 지나치다고 여기는 사람이 많았다.

김장생이 이와 같은 극도의 명분주의를 내세웠던 이유는 정원군을 아버지로 인정해버리면 그를 추숭해야 하는 문제가 뒤따를 수밖에 없기 때문이었다. 그는 이를 원천 봉쇄하고자 했다. 반면 박지계는 정원군을 아버지로 인정해야 한다고 주장했다.

> 왕실의 예도 일반인과 다를 바 없는데, 아버지 자리가 없이 바로 할아버지를 잇는 종통은 있을 수 없다. 마땅히 정원군으로 하여금 선조와 인조 사이를 잇게 해 대통을 바로 세워야 한다.
>
> 『잠야집』 1권, 「응지소」

박지계의 제자들은 한 걸음 더 나아가 정원군을 왕으로 추숭해야 한다고 주장했다. 왕과 공신들은 박지계의 이론을 지지하며 추숭 작업을 진행시켰다.

그러나 당시 분위기는 김장생이 옳고, 박지계는 인조에게 아부하려는 의도에서 나온 주장으로 치부됐다. 결국 인조의 아버지 정원군을 정원대원군으로, 인조의 어머니 연주군부인을 연주부부인(蓮珠府夫人)으로 올리는 데 그쳤다. 또한 거처하는 집을 계운별궁(啓運別宮)으로 부르고, 별도로 계운궁(啓運宮)이란 궁호를 받았다. 정원대원군의 제사는 바로 아래 동생인 능원군(綾原君)이 주관하기로 했다.

1626년(인조 4) 1월 14일, 인조의 어머니 계운궁 구 씨가 죽었다. 인조는 계운궁의 장례를 국장에 준하도록 하고, 자신이 상주가 되어 삼년상을 거행하려고 했다. 그러나 조신들은 대원군부인의 예에 맞추어 장례를 치러야 한다고 주장했다. 결국 능원군이 인조를 대신해 상주 노릇을 하는 것으로 결정을 보았다. 하지만 인조는 어디까지나 자신이 상주임을 은연중에 암시했다.

그런데 인조와 공신 그리고 신료들은 상복 문제를 둘러싸고 심각하게 대립했다. 『가례』에 따르면, 아들이 어머니의 상을 당했을 때는 지팡이를 짚고 3년 동안 상복을 입어야 했다. 김장생은 종통상 계운궁이 어머니가 아니기 때문에 '지팡이를 짚지 않는 1년복[不杖朞服]'을 입어야 한다고 했고, 박지계는 계운궁이 어머니이기 때문에 '너덜너덜한 3년복[斬衰三年服]'을 입어야 한다고 했다. 박지계는 또한 정원군 추숭을 다시 한 번 노골적으로 주장했다.

조정에서 박지계의 이론을 지지하는 이들은 인조와 이귀·최명길 등 몇몇 공신에 불과했다. 이귀는 "정원군이 선조의 맏아들은 아니지만, 그의 형들은 아들이 없으므로 정원군이 선조의 장자가 되는 셈"이라고 했다. 그러나 당시 인조의 친동생인 능원군이 정원군의 형인 의안군(義安君)의 양자로 있었기 때문에, 이귀의 주장은 구차한 억지 이론이라는 비판을 받았다.

3년복으로 할 것인가, 1년복으로 할 것인가 하는 문제가 해결되지 않은 상태에서 장유(張維)는 '지팡이를 짚는 1년복[杖朞服]'으로 하자는 절충안을 내놓았다. 그의 논지는 인조가 정원군을 아버지로 부르는 것은 좋으나 소종을 대종에 합치는 것은 옳지 않으므로, 3년복을 강복(降服)해 지팡이를 짚는 1년복으로 정해야 한다는 것이었다. 인조는 하는 수 없이 절충안을 따랐으나 마음으로는 3년상[心喪三年]을 거행했다.

정원군 추숭 문제는 1628년(인조 6) 계운궁의 탈상을 맞아 본격적으로 논의되었다. 추숭 논의는 이귀·최명길 등의 공신들이 주도했다.

그러던 중 1630년(인조 8) 12월에 정원군 추숭을 찬성한다는 명나라 호부낭중(戶部郎中) 송헌(宋獻)의 의견이 공개되었다. 이는 이전 해, 사신으로 중국에 갔던 최유해(崔有海)가 등

주에 사는 송헌과 만나 문답하는 가운데 얻어낸 의견이었다. 송헌의 의견은, 만약 다른 이에게 양자로 간 적이 없고 몸소 큰 공을 세워 할아버지의 대통을 계승했다면 아버지를 높여 할아버지의 대통을 계승시킬 수 있다는 것이었다.

이에 자신을 얻은 인조는 1631년(인조9) 4월에 대신들이 모인 자리에서 정원군 추숭의 뜻을 공식적으로 표명했다. 대신들이 극력 반대하자, 인조는 명나라 황제에게 주청해 허락받지 못하면 포기하겠다고 선언했다. 그래도 반대 의견이 끊이지 않았다. 대신들은 물론이고 삼사와 예조의 관원, 그리고 유생들의 「반대 상소」가 빗발쳤다. 특히 성균관과 사학(동·서·남·북학)의 학생들은 박지계를 유생 명부인 「청금록(靑衿錄)」에서 삭제하고 수업을 거부하기에 이르렀다.

그럼에도 인조는 추숭론자인 이귀를 이조판서에, 최명길을 예조판서에 임명하고 정원군 추숭을 강행했다. 1632년(인조10)에는 추숭도감을 설치하고, 남별전(南別殿)을 숭은전(崇恩殿)으로 고쳐 정원군의 별묘(別廟)로 삼았다. 그리고 정원군의 묘를 장릉(章陵)으로 고치고, 명나라의 허락을 받아 정원대원군을 원종대왕(元宗大王)으로, 계운궁 구 씨를 인헌왕후(仁獻王后)로 정했다. 1635년(인조13) 3월에는 원종 내외의 신주(神主)를 종묘에 모셨다. 이리하여 인조는 인조반정 이후 13년 만에 그의 아버지 정원대원군을 원종으로 추숭하는 데 성공했다.

호서 사림의 출현

사계 김장생은 율곡 이이의 학문을 전승해 호서에서 화려하게 꽃피웠다. 김장생은 율곡의 수제자로서 향리에 은거하며 학문 연구와 후진 양성에 주력한 은사였으며, 예학의 대가였다. 율곡의 고제(高弟: 학식과 인품이 뛰어난 제자)라는 입지와 학문적인 깊이에 매료된 인재들이 도학과 예학을 전수받기 위해 그에게 몰려들었다. 이에 연산 일대에는 김장생·김집(金集) 부자를 중심으로 기호학파의 학문 전통이 확충되면서 서서히 '사계학파'가 태동하고 있었다. 이는 율곡학파에서 사계학파로 세대교체가 이루어진 것을 의미하기도 했다.

광산 김 씨인 사계는 대대로 벼슬하는 가문에서 생장했지만 일생을 스승인 율곡의 학문을 확충하고 후학을 양성하는 데 바쳤다. 그의 아들 김집도 사계의 학문을 충실히 계승해 일가를 형성했다. 따라서 기호 일대에서는 학문적으로나 사회적으로나 김장생·김집 부자와 사우 또는 문인 관계를 맺지 않고는 당당하게 행세할 수 없었다. 이로써 사계학파는 율곡을 연원으로 하는 기호학파의 실체이자 서인의 학문적인 모체가 되어갔다.

특히 김집·송시열·송준길(宋浚吉)·이유태(李惟泰)·유계(兪棨)는 사계학파를 대표하는 인물로, 각기 연산·회덕·옥천·공주를 거점으로 강력한 기반을 구축하고 있었다. 이들은 벼슬을 멀리하고 산곡에 은거하며 정통 주자학 탐구에 주력했다. 과거를 통해 출사한 인사들이 정무에 시달릴 때 이들은 성리학에 몰두하면서 점차 유교 이념의 보루로 주목받았다.

이런 가운데 이들은 사우·문인 관계를 통해 학문적인 유대를 강화하는 한편, 조정과는 일정한 간격을 두면서 무시할 수 없는 세력으로 성장하고 있었다. 이에 따라 사계학파는 '호서사림'이라는 정치 세력으로 규합되어갔다.

서인은 인조반정을 일으켜 광해군과 대북 정권을 축출하는 데 성공했다. 반정에 참여한 공신 중에는 율곡 문인·우계 문인·백사 문인을 비롯해 상당수의 사계 문인이 포함되어 있었다. 이이·성혼(成渾)·이항복이 죽고 없는 상황에서 김장생의 위상은 절대적이었다. 이제 그는 산림에 은거하며 학문을 탐구하는 은사가 아니라 학파의 영수이자 서인의 추앙을 받는 명사였다.

이때 공신들은 어렵사리 획득한 서인 정권을 확고히 하고 자신들의 기득권을 강화하기 위해 산림을 중용한다는 '숭용(崇用) 산림'을 내세웠다. 이는 유교 명분주의의 소산인 동시에 정권의 정당성을 확보하기 위한 구체적인 방안이었다.

이에 김장생·박지계·장현광(張顯光)이 산림으로 징소되어 본격적인 산림의 시대를 열었다. 김장생의 경우 계운궁 복제 문제, 원종 추숭 문제와 관련해 인조와 불편한 관계를 유지하기도 했지만, 사림 영수로서의 명망은 손상되지 않았다. 김장생의 위상은 그의 문인들에게 엄청난 후광으로 작용했다. 반정공신들은 기호학파의 영수 김장생의 문인 집단에 대해서 상당한 관심을 표명하며 정치적인 동참을 촉구했다. 이런 분위기에 편승해 호서 사림은 산림직을 독식하며 서서히 역사의 주체 세력으로 부상하고 있었다.

한편 이 시기에 가장 주목받은 인물은 김장생의 아들이자 문인인 김집이었다. 그는 아버지 김장생의 학통을 계승하는 과정에서 상당수의 호서 사림을 규합함으로써 김장생에 비견되는 권위를 누리고 있었다. 김장생이 호서 사림의 기반이었다면, 김집은 산림의 영수로서 결집의 구심점이었다.

호서 사림의 주요 인사는 송시열·송준길·윤선거(尹宣擧)·윤순거(尹舜擧)·윤원거(尹元擧)·이유태·유계 등이었는데, 이들은 모두 김장생과 김집의 문하를 동시에 출입했던 사람들이다. 이들 상호 간의 대를 이은 결속력은 호서 사림이 정치 집단으로 성장할 수 있는 실질적인 기반이 되었다.

이런 선상에서 호서 사림은 척화파의 거두 김상헌(金尙憲)과 긴밀하게 협조하며 정계 진출의 교두보를 확보한 후 효종조 초반에 김집을 중심으로 대거 정계에 입문했다.

정묘호란과 병자호란

1616년(광해 8), 후금을 건국한 누르하치(努爾哈赤)는 모든 여진족을 정벌하고 칸에 올랐다. 칸에 오른 누르하치는 명에 바치던 조공을 폐지했다. 1618년(광해 10)에는 명나라의 무순성(撫順城)을 공격했다. 이에 명나라는 임진왜란에도 참전했던 양호(楊鎬)를 총지휘관에 임명하고 후금 정벌을 단행했다. 이때 조선에도 파병을 요청했다. 그러나 이 싸움에서 명나라는 참패하고 말았다. 결국 이것이 명과 청의 성패를 갈랐다.

광해군은 이러한 국제 정세 속에서 전화(戰禍)에 휘말리지 않으려고 노력했다. 명과 후금 사이에서 사태를 관망하면서 되도록 후금과 관계를 원만하게 유지하려고 했다. 그러나 인조반정으로 조선의 외교 정책은 급선회했다. 광해군을 내쫓은 서인 반정 세력은 명과의 의리를 중시하고 후금을 배척하는 친명배금 정책을 실시했다.

이런 가운데 후금을 자극하는 일련의 사건이 발생했다. 명나라의 모문룡(毛文龍)이 평안도 가도에 주둔하면서 조선의 지원을 받으며 금의 배후를 위협했다. 또한 이괄의 난에 동참했던 한명련의 아들 한윤이 후금으로 망명해 조선과 후금 사이에 분쟁을 조장하기도 했다.

1627년(인조 5), 결국 후금의 태종은 3만 대군을 이끌고 조선을 침략했다. 이것이 바로 정묘호란이다. 후금군은 의주성을 함락하고 평산까지 진격했다. 인조와 세자는 강화도와 전주로 각각 피난을 갔다. 그러는 사이 각지에서 의병이 일어나 후금군의 퇴로를 위협하자 후금군은 조속한 화의를 추진했다. 이에 조선과 후금은 '형제의 맹약'을 맺고 화약을 체결하면서 후금군도 철수했다.

1636년(인조 14) 4월, 후금은 국호를 청으로 고치고 군주의 호칭을 황제로 고쳐 불렀다. 그리고 조선에 '군신 관계'를 강요했다. 이에 조선에서는 청과 일전을 불사하는 척화파와 강화를 주장하는 주화파가 서로 대립하는 양상을 보였다. 인조는 당시에 고조된 반청 여론을 등에 업고 척화론을 지지했다. 그러나 미처 전쟁을 수행할 준비도 갖추기 전에 청나라 군대가 압록강을 넘었다. 이것이 병자호란이다.

그해 12월 8일, 압록강을 넘은 청군의 선봉은 불과 6일 만인 12월 14일에 서울 근교의 양철리(지금의 불광동 부근)까지 진출해 서울과 강화도를 연결하는 도로를 차단했다. 청군의 신속한 남진과 강화도―서울을 연결하는 도로 봉쇄는 수도권 방어에 결정적으로 타격을 주었고, 인조는 강화도로 피신할 시간적인 여유를 가질 수 없었다. 종묘의 신주, 왕실과 조정 관료의 식구들은 먼저 강화도로 피난을 떠났다. 그러나 인조가 세자와 관료를 이끌고 강화도로 가려고 했을 때는 이미 청군이 강화도로 가는 길목을 차단한 뒤였다.

　강화도행을 포기하고 도성으로 돌아온 인조는 상황을 파악하지 못한 채 우왕좌왕했다. 그사이 청군은 아무런 제지도 받지 않고 홍제원까지 진출했다. 매우 다급한 상황이었다. 이에 이조판서 최명길이 난국 수습을 자원하고 나섰다. 스스로 청군의 진영으로 간 최명길이 선봉장인 마푸타(馬福塔)와 회담하면서 청군의 도성 진입을 지연시키는 동안, 인조는 도성을 빠져나가 남한산성으로 들어갔다. 이렇게 12월 15일부터 이듬해 1월 30일까지 장장 45일에 걸친 남한산성 항전이 시작되었다.

　최명길의 지연술로 전진을 멈춘 청군의 선봉은 인조가 남한산성에 입성한 사실을 안 후 곧바로 삼전도(지금의 송파구 삼전동 일대)로 진출했다. 그리고 남한산성의 서쪽에 공격선을 구축하는 한편 산성으로 사절을 보내 화의를 제안했다. 처음 남한산성에 당도한 청군의 선봉은 4,000여 명에 불과했다. 게다가 장거리 이동으로 매우 피로한 상태였다. 따라서 화의 제기는 주력 부대가 도착할 때까지 시간을 끌어보려는 계략이었다. 이러한 의도를 눈치채지 못한 조선 조정은 산성을 고수하면서 각 도의 근왕병(勤王兵)이 도착하면 그때 반격하겠다는 전략을 택함으로써 공격 기회를 놓쳐버리고 말았다.

　강경척화 노선으로 급선회한 조선이 별다른 성과 없이 시간을 보내는 사이 청군의 주력 부대 중 하나인 좌익군이 19일에 서울로 입성했다. 2만 4,000여 명의 대부대인 좌익군은 남한산성 주위로 포위망을 구축하고 22일 대규모 공격을 시작했다. 그러나 산성의 험준한 지형을 바탕으로 아군은 방어에 성공했다. 자신감에 찬 아군은 이어진 청군의 공격에 적극적으로 대처하며 전과를 올렸다.

몇 번의 공격에서 전과를 올리지 못한 청군은 전략을 바꿔 산성으로 통하는 모든 도로를 봉쇄했다. 성안에 고립된 아군은 근왕병이 도착하기를 기다렸지만, 산성 부근에 진출한 근왕병은 청군의 공격으로 더 이상 전진하지 못했다. 그렇게 며칠간 소강 상태가 계속되자 아군은 고립 상태에서 벗어나기 위해 12월 29일 출성을 시도했다. 그러나 이것은 무리한 시도였다. 도체찰사 김유의 명령으로 출격한 300여 명의 병사들은 청군의 기만책에 빠져 모두 전사하고 말았다. 이러한 참패는 아군의 사기를 바닥에 떨어뜨렸고, 성안에서는 강화만이 유일한 대책이라는 여론이 형성되었다.

12월 30일, 청 태종이 이끄는 7만 명의 본대가 서울을 거쳐 산성으로 진군했다. 삼전도에 진을 친 청군은 1월 11일과 12일 이틀에 걸쳐 산성에 근접해 포위망을 구축했다. 또한 수원·용인·여주·이천 방면에 병력을 주둔하고 근왕병 지원을 차단했다. 이는 산성을 더욱 고립시키고 군세를 과시해 산성

수비군의 사기를 저하시키려는 청군의 술책이었다. 산성 내부 상황은 더욱 악화되었다. 병들고 굶어죽는 자들이 속출했고, 양곡도 떨어졌다. 더욱이 추위가 극심해 성내 사찰과 집을 뜯어 땔감으로 써야 할 지경이었다.

1637년(인조 15) 1월 23일 밤부터 25일 아침까지 청군의 대공세가 이어졌다. 이들은 포위망을 압축하며 계속 강화를 요구했다. 이에 성안에서는 화친을 주장하는 사람과 척화를 주장하는 사람 사이에 갈등이 커졌다.

한편 청군은 남한산성에 대한 공세와 함께 강화도에 대한 공격도 감행했다. 청군이 수전에 약할 것이라는 예상과 달리 청군은 쉽게 강화성을 함락했다. 1월 26일 아침, 청군은 강화성에 있던 왕비와 왕자를 비롯해 관료와 그들의 가족을 삼전도의 청 태종 본진으로 압송했다. 그리고 남한산성으로 사절을 보내 강화도 함락 사실을 알리고 항복을 독촉했다. 다음 날부터 청군의 대대적인 무력 시위가 이어졌고, 위기감이 고조되자 척화파의 강한 반발에도 성안의 분위기는 강화 쪽으로 기울게 되었다.

1월 30일, 마침내 인조는 항복을 결심하고 항복 의식을 거행하기 위해 산성을 나섰다. 세자를 비롯해 대신·승지 등 500여 명의 신료가 그 뒤를 따랐다. 삼전도에 도착한 인조는 말에서 내려 청 태종 앞에서 삼배구고두(三拜九叩頭: 세 번 절하고 아홉 번 머리를 조아림)의 예를 올렸다. 인조가 예를 마치고 대국에 대항한 죄를 용서해달라고 청하자, 태종은 조선 국왕을 용서한다는 조칙을 내렸다. 그러고는 인조를 제후 중에서 가장 상석인 청 태종 왼쪽 자리에 앉도록 했다. 이렇게 예식을 마친 인조는 거리로 나온 백성의 울부짖음을 들으며 서울로 돌아왔다.

삼전도비문

1637년(인조 15) 1월 30일, 남한산성에서 나와 삼전도로 향한 인조는 세자를 비롯한 500여 명의 신하가 지켜보는 가운데 청 태종 앞에서 삼배구고두의 예를 올리고 강압적인 항복 조건을 모두 수락했다. 이 순간 국왕으로서의 권위와 조선의 국체는 여지없이 무너지고 말았다.

남한산성에서 50여 일을 머무는 동안 인조는 주화와 척화 사이에서 고심이 많았다. 조선의 국시며 반정의 명분이었던 '존명사대'가 인조의 발목을 잡았기 때문이다. 광해군의 중립 외교를 존명사대에 대한 위반 행위로 간주해 반정을 일으킨 인조였다. 그러나 종사의 안녕을 위해 주화를 택할 수밖에 없었다. 반정의 명분을 상실하면서까지 선택한 주화의 대가는 치욕적인 항복과 강압적인 조건 수락이었다. 막대한 공물을 바치고 인질도 보내야 했다. 왕실을 위시해 수많은 신민이 볼모가 되어 청나라 심양으로 끌려갔다.

이로써 청나라 군대가 완전히 철수하는 등 외관상으로는 평화가 찾아왔다. 그런데 1637년(인조 15) 3월, 청나라의 예기치 못한 요구로 조선 조정에 다시 한 번 파란이 일었다. 청 태종이 인조로부터 항복을 받은 수항단(受降檀)에 '대청황제공덕비'를 건립하라고 명령한 것이다. 이것이 바로 우리나라 굴욕의 역사로 길이 남은 '삼전도비(三田渡碑)'다.

청의 일방적인 요구였지만 조선에서는 이를 거절할 수 없었다. 결국 인조의 특명으로 공사가 진행되었다. 물력으로나 인력으로나 어려운 상황이었지만, 국가적인 차원에서 공사를 강행해 결국 11월 3일 비단(碑壇)이 완공되었다. 이렇게 입비 공사가 완료된 상황에서 다음 과제는 「비문」을 찬술하는 일이었다. 당초 계획은 청나라로부터 「비문」을 받기로 했으나, 일의 신속성을 고려하여 조선에서 찬자를 내정하기로 했다.

종묘와 사직의 원수 청 태종을 칭송하는 비문을 누가 찬할 것인가는 정말 고민스러운 문제였다. 잘못하면 역사의 죄인으로 남을 수도 있는 일이었기 때문이다. 그러다보니 아무도 나서는 사람이 없었다. 그러나 결국 누군가는 이 일을 해야 했다. 그렇다고 아무에게나 맡길 수도 없었다. 이 정도의 「비문」을 쓰기 위해서는 문장과 학식이 출중하고 지위도 높은 인물

이어야 했다. 그런 사람이라면 예문관 대제학이 적임자였지만, 공교롭게도 당시 그 자리는 비어 있었다.

난처한 상황에서 이경석(李景奭)·장유·이경전(李慶全)·조희일(趙希逸) 등 4명이 물망이 올랐다. 네 사람 모두 당대를 대표하는 문장가로서 가격(家格)과 지위를 겸비한 인물이었다. 이에 인조는 네 사람에게 「비문」 찬술을 명령했다. 이들은 어떻게든 회피해보고자 사퇴의 「상소」를 올렸지만 소용이 없었다. 도리어 인조가 시일을 재촉해 더 이상 거부할 수도 없는 상황이었다. 이에 이경전을 제외한 이경석·장유·조희일 세 사람이 「비문」을 지어 바쳤다. 이경전은 갑작스럽게 병이 나서 책임을 면할 수 있었다.

「비문」의 내용을 검토한 인조는 일단 조희일의 「비문」을 제외시켰다. 일설에 따르면 조희일은 자신의 「비문」이 채택되지 않도록 일부러 문장을 난삽하게 썼다고 한다. 이제 이경석과 장유의 「비문」 중에서 양자택일할 일만 남았다. 두 사람의 「비문」은 청나라 사신의 검열을 거친 후 심양으로 보내졌다.

청나라 조정에서는 두 「비문」을 심사한 후 이경석의 「비문」을 채택했다. 장유의 「비문」은 고사를 잘못 인용하는 등 내용상 결함이 많다는 이유에서 제외되었다. 그러나 이경석의 「비문」도 흔쾌히 채택되지는 않았다. 청나라는 「비문」의 내용이 꼼꼼하지 못하고 간략하다며 개찬을 지시했다.

인조는 이 고비를 잘 넘겨야 한다는 생각에 이경석을 불러 개찬을 부탁했다. 「비문」에 나라의 존망이 달렸다고 설득한 것이다. 이경석도 인조의 말을 듣고 더 이상 주저하지 않고 청나라의 비위에 맞도록 「비문」을 개찬했다. 「비문」에는 청 태종의 공덕과 자애로움을 찬양하는 내용이 담겼다. 종사의 안위를 위한 불가피한 선택이었다. 이경석은 역사에 남을 오명을 기꺼이 감수한 것이다.

1,009자에 달하는 굴욕의 「삼전도비문」은 이런 내막으로 완성되었다. 「비문」은 높이 13척, 너비 4~6척의 거대한 돌에 새겨졌으며, 「비문」 말미에 「비문」을 지은 이경석의 이름도 함께 새겨졌다.

소현세자의 죽음과 강빈 옥사

인조의 장남 소현세자는 병자호란 직후 청나라에 인질로 잡혀갔다.

소현세자는 1612년(광해 4) 1월에 태어났다. 인조반정이 이루어지자 세자로 책봉되었고, 1627년(인조 5)에 강석기(姜碩期)의 딸과 혼인했다. 청나라와 맺은 정축 맹약으로 1637년(인조 15) 2월 세자빈 강 씨와 동생인 봉림대군, 수행 관원들과 함께 인질이 되어 심양으로 가게 되었다.

심양에 도착한 소현세자는 심양관소, 즉 심관(瀋館)에 거처했다. 심관은 조선과 청나라 사이의 각종 연락 사무나 세폐와 공물의 조정, 포로를 중심으로 한 민간인 문제 등을 처리하는 대사관 같은 기능을 하고 있었다. 소현세자는 이곳에서 대사와 같은 역할을 하며 활발한 활동을 펼쳤다.

소현세자는 조선과 청의 원만한 관계를 위해 고관들과 친분을 맺었다. 또 뇌물 외교에 필요한 자금을 마련하고자 영리에도 관심을 가졌다. 관소의 문이 마치 시장 같았다고 하는 표현이 이러한 사실을 단적으로 보여준다. 그러나 이것이 문제가 되었다. 당시 심관의 경비나 교제에 필요한 물자는 본국에서 부담했는데, 조선에서는 소현세자와 강빈이 심양에서 사치와 낭비를 일삼고 있는 것으로 여겼다.

이때 심관에서 청을 부추겨 조선의 왕을 세자로 교체하고 인조를 심양으로 들어오게 한다는 풍문이 돌았다. 이러한 풍문은 인조의 심기를 불편하게 했다. 때마침 심기원 역모 사건에서 세자 추대설이 등장했다. 이는 인조를 더욱 불안하게 만들었다. 급기야 인조는 청이 세자를 후하게 대우하는 것이나 지나친 영리 행위가 왕의 자리를 차지하기 위한 자금 마련 때문이라고 단정 짓기에 이르렀다. 인조는 심복 내시들을 심관에 파견해 동태를 감시하게 했다.

1645년(인조 23), 소현세자는 마침내 인질 생활을 마치고

8년 만에 귀국했다. 그러나 인조와 뜻하지 않게 갈등하면서 소현세자는 마음고생을 심하게 해야 했다. 인조는 청나라가 혹시 세자에게 왕위를 물려주라거나 자신에게 대신 심양으로 들어오라고 할까 봐 불안해졌다. 그리고 이런 불안감은 세자에 대한 냉대로 이어졌다. 특히 소현세자가 귀국하면서 청나라의 물건을 가져오자 인조와 여러 유신은 거부감을 표했다.

이런 가운데 소현세자는 귀국한 지 두 달 만에 병을 얻고 말았다. 세자가 병이나 몸져눕자 어의 박군(朴頵)이 진맥하고는 학질이라고 했다. 이에 의원 이형익(李馨益)이 침을 놓았는데, 소현세자가 갑자기 죽고 말았다. 병이 난 지 불과 3일 만이었다. 이때 소현세자의 나이 34세였다.

소현세자의 갑작스러운 죽음을 둘러싼 의혹이 제기되었다. 소현세자에게 침을 놓았던 이형익은 석 달 전에 의관으로 특별히 채용된 자였다. 그는 평소 소현세자 내외와 사이가 좋지 않았던 인조의 애첩 조소용(趙昭容)의 친정에 출입해왔다. 이러한 연유로 그에 대한 의심과 비난이 끊이질 않았다. 그러나 이러한 정황에도 인조는 이형익에게 어떠한 처벌도 내리지 않았다. 또한 사인을 밝혀야 한다는 의견을 무시한 채 세자의 신분에 어울리지 않는 소략한 상례를 치렀다.

한편 일각에서는 소현세자 독살설이 제기되기도 했다. 당시 세자의 염습(殮襲: 시신을 씻긴 후 수의를 입히고 염포로 묶는 일)

에 참여했던 종실 이세완(李世完)의 증언이 그러한 정황을 뒷받침했다. 이세완이 목격한 바에 따르면 세자의 온몸이 마치 사약을 받고 죽은 사람처럼 검은빛이었고, 이목구비의 일곱 구멍에서 피가 흘러나와 얼굴빛조차 분별할 수가 없었다고 한다. 단순히 침을 잘못 놓았다고 해서 이런 처참한 모습으로 죽을 수 있는지 의문이 생길 만한 상황이었다. 그러나 소현세자 독살설은 가정일 뿐 증명된 사실이 아니었다.

소현세자가 죽자 인조는 둘째 아들인 봉림대군을 세자로 삼았다. 소현세자의 아들인 세손이 버젓이 살아 있는데도 봉림대군을 세자로 책봉한 것은 분명 법도에 어긋나는 일이었다. 신료들이 대부분 "태자(太子)가 없으면 태손(太孫)으로 잇는다"는 옛 법도를 강조하며 변칙적인 방법을 쓰는 것은 옳지 않다는 의견을 냈다. 그러나 결국 인조의 뜻대로 봉림대군이 세자가 되었다.

이렇게 법도를 무시하고 세자를 세우고 보니, 소현세자의 부인 강빈과 원손의 존재가 인조에게는 큰 골칫거리였다. 결국 인조는 화근을 미리 제거하기로 했다. 그리고 이러한 의도는 강빈의 형제 4명을 귀양 보내는 것에서부터 시작했다. 김유·이경석 등은 강빈의 형제들이 망령되게 행동한 일이 있기는 하나 특별히 드러난 죄악은 없으므로 함부로 벌을 줄 수 없다고 했다. 그러나 인조는 흔단(釁端)이 생기기 전에 선처하는 것이라며 이를 강행했다. 소식을 듣고 충격을 받은 강빈이 인조의 처소 근처로 가서 통곡해봤으나 달라지는 것은 없었다.

그러던 중 1646년(인조 24) 1월에 일어난 '전복 구이 사건'이 결국 강빈을 죽음으로 내몰았다. 인조에게 올린 전복 구이에 독이 든 것이 발각된 것이다. 인조는 범인으로 강빈을 지목하고 강빈의 나인 5명과 음식을 만든 나인 3명을 잡아와 국문했다. 그러나 실상 이들은 강빈과 왕래가 끊긴 지 오래였다. 이미 이전에 인조가 궁중 사람들에게 강빈과 말하는 자는 벌을 주겠다고 경계했기 때문이다. 따라서 강빈이 나인들과 접촉해 음식에 독을 넣는 일은 사실상 불가능했다. 이것은 인조와 조소용의 모함이었다.

사건의 진상은 끝내 밝혀지지 않았다. 그러나 인조는 계속해서 강빈이 독을 넣었다고 의심하면서 그녀를 처벌하려고 했다. 인조는 김유·이경석·최명길·김육·김자점 등의 대신을 불러 다음과 같이 말했다.

강빈이 심양에 있을 때 은밀히 왕위를 바꾸려고 도모하면서 미리 홍금적의(紅錦翟衣)를 만들어놓고 내전의 칭호를 외람되이 사용했으며, 지난해 가을에 매우 가까운 곳에 와서 분한 마음을 인해 시끄럽게 성내는가 하면 사람을 보내 문안하는 예까지도 폐한 지가 이미 여러 날이 되었다. 이런 짓도 하는데 어떤 짓인들 못하 겠는가. 이것으로 미루어 헤아려본다면 흉한 물건을 파묻고 독을 넣은 것은 모두 다른 사람이 한 것이 아니다. 예로부터 난신적자 (亂臣賊子)가 어느 시대나 없었겠는가마는 흉악함이 이 역적처럼 극심한 자는 없었다. 군부(君父)를 해치고자 하는 자는 천지의 사 이에서 하루도 목숨을 부지하게 할 수 없으니, 해당 부서로 하여 금 율문을 상고해 품의해 처리하게 하라.

『인조실록』 47권, 인조 24년 2월 3일

이 말에 김유 등이 놀라 서로를 쳐다보면서 어찌할 바를 몰 랐다. 이들은 인조의 처사가 지나치다고 간했다. 그러나 인조 의 태도는 강경했다. 이때 최명길·이경석 등 신료들은 대부분 강빈의 죄가 비록 크지만 용서해주는 것이 옳다고 주장했다. 김자점만이 임금의 독단에 비위를 맞췄다.

결국 이 일로 강빈의 형제 중 강문성(姜文星)과 강문명(姜文 明)이 곤장을 맞아 죽었으며, 그해 3월 15일에는 마침내 강빈 에게 사약이 내려졌다. 이후 후환을 막기 위해 강빈의 친정어 머니도 처형되었으며, 제주도로 유배를 갔던 소현세자의 세 아들 중 두 아들도 의문의 죽음을 맞이했다. 이러한 비극은 삼 전도의 치욕까지 겪으면서 지켜낸 권력을 향한 인조의 집착 이 빚어낸 결과였다.

한편 인조는 반정으로 왕위에 올랐으나 명분도 국익도 지켜내지 못한 채 1649년(인조 27) 5월 54세의 나이로 죽었다. 능은 경기도 파주시 탄현면 갈현리에 있는 장릉(長陵)이다.

제17대 효종, 북벌을 꿈꾸다

소현세자를 대신해 세자에 오른 봉림대군

소현세자가 갑자기 죽고 난 후 논의가 된 지 하루 만에 봉림대군이 새로운 세자가 되었다. 봉림대군은 자신이 세자 자리를 감당키 어렵다며 두 차례에 걸쳐 극력 사양했지만, 결국 "맏형이 죽으면 그다음 아우가 계통을 잇는다[兄亡弟及]"는 예에 따라 세자에 책봉되었다.

봉림대군은 1619년(광해 11) 인조의 둘째 아들로 태어났다. 이름은 호(淏), 자는 정연(靜淵). 인조반정 후 봉림대군에 봉해졌다. 어머니는 인렬왕후 한 씨고, 장유의 딸과 혼인했다.

봉림대군은 어려서부터 기국과 도량이 활달했는데, 장난하며 노는 것을 좋아하지 않았고 행실이 보통 사람과는 달랐다고 한다. 타고난 천성이 효성스러워 채소나 과일 같은 하찮은 것이라도 반드시 먼저 아버지에게 올린 뒤에야 먹곤 했다. 인조는 봉림대군을 항상 효자라고 칭찬하며 사랑과 기대가 각별했다.

1636년(인조 14)에 병자호란이 발발하자 봉림대군은 아우인 인평대군과 함께 강화도로 피난했다. 이곳에서 봉림대군은 직접 결사대를 조직해 청나라에 대항하기도 했다. 그러나 결국 강화도 함락으로 삼전도로 끌려와서 그의 아버지 인조가 청 황제에게 삼배구고두의 예를 행하는 치욕을 지켜봐야 했다.

이듬해 강화가 성립되자 형인 소현세자와 함께 청나라에 들어가 8년간 볼모 생활을 했다. 감시와 통제의 연속이었던 심양의 볼모 생활 동안 소현세자와 봉림대군은 한 집에 기거하면서 형제간의 우애가 더욱 돈독해졌다.

그러나 심양에서 둘의 행보는 너무나 달랐다. 소현세자는 청나라 고관들과 교유하고 그들의 개화된 문명을 받아들이는 데 주저함이 없었다. 소현세자는 청나라와 화친하는 것이 조선의 평화를 지키고 결국 국익에도 도움이 되는 일이라고 생각했다. 반면 봉림대군은 철저한 반청주의자가 되었다. 그는 인질로 잡혀온 자신의 처지와 노예로 끌려와 고생하는 조선 백성의 참상을 생각하며 청나라에 대한 복수를 다짐하곤 했다.

고국으로 돌아온 지 얼마 되지 않아 세상을 떠난 소현세자를 대신해 세자의 자리에 오른 봉림대군은 1649년(인조 27) 5월에 인조가 죽자 5일 만에 즉위했다. 그가 바로 조선의 제17대 왕 효종이다.

효종에게는 1명의 정비와 3명의 후궁이 있었으며, 1남 7녀의 자녀를 두었다. 정비인 인선왕후(仁宣王后) 장 씨는 효종과 함께 심양에서 8년간 볼모 생활을 했으며, 제18대 왕인 현종을 비롯해 여섯 공주를 낳았다.

김자점 모반 사건

효종이 즉위하고 한 달이 조금 지났을 때 양사(兩司)에서는 다음과 같이 김자점의 죄목을 들어 파직을 청했다.

> 영의정 김자점은 본래 보잘것없는 작은 인물로서 외람되이 정승의 자리에 있으면서 은택을 입은 지가 여러 해 되었는데, 그 공훈과 존귀함을 믿고서 사치와 방자를 멋대로 했고, (중략) 선왕께서 위임하신 뜻을 저버린 죄 진실로 큽니다.
>
> 『효종실록』 1권, 효종 즉위년 6월 22일

양사는 죄명을 누차 보태며 김자점을 멀리 귀양 보낼 것을 청했다. 처음에 효종은 이를 따르지 않다가 1650년(효종 1) 봄, 마침내 김자점을 홍천으로 유배 보냈다. 또한 같은 해 6월에는 사헌부에서 분당의 책임을 물어 원두표를 파직해달라고 아뢰었다. 원두표는 이미 붕당의 폐해를 지적한 「소」를 직접 올린 적이 있었다. 그러나 원당의 영수였던 그도 분당의 책임을 면할 수 없었다.

이로써 인조 때 권세를 다투던 낙당의 김자점과 원당의 원두표 등은 왕이 바뀐 지 두 달도 채 못 되어 관직에서 물러났다. 이에 따라 정치 세력의 판도도 크게 바뀌어 8월에 이경석·정태화(鄭太和)·조익(趙翼)이 삼정승에 올랐고, 김상헌·김집·송준길·송시열 등이 정계의 요직을 차지하는 등 남인과 청서(산당·한당)가 대거 중용되었다.

한편 쫓겨난 김자점은 멀리서 복수의 칼을 갈고 있었다. 반정 1등 공신일 뿐 아니라 30여 년 동안 정권의 실력자였던 그가 쉽게 물러설 리 없었다. 김자점과 그의 아들들은 역관 이형장(李馨長)을 시켜 "우리 임금이 구신을 몰아내고 산림 인사를 등용해 북벌을 도모하고자 한다"고 청에 밀고하도록 했다. 이에 청나라에서는 6명의 사신을 보내 조사에 착수했다.

청나라 사신들은 조선에서 인조가 죽은 뒤 김자점을 몰아낸 사람들이 누구며, 성지 수축과 병기 정비를 서두르는 이유가 무엇이냐고 물어볼 생각이었다. 그러나 돌연 이형장이 변심하여 오히려 김자점의 죄를 극론하고 나서자 상황은 바뀌었다. 결국 청나라 사신들은 단지 조선에서 성을 쌓은 이유가 무엇인지를 물었을 뿐이다. 다행히 사건은 당시 영의정이었던 이경석과 조경(趙絅)이 모든 책임을 지는 것으로 마무리되었다.

그런데 이듬해인 1651년(효종 2), 해원부령 이영(李暎)과 진사 신호(申壕)가 김자점의 반역 음모를 다음과 같이 고변했다.

> 저의 장인인 전 감목관 조인필(趙仁弼)이 김자점과 더불어 서로 통해 왕래하는데, 종적이 비밀스러우니 반역의 정상이 있는가 의심스럽습니다.
>
> 『효종실록』7권, 효종 2년 12월 7일

조인필은 인조의 애첩인 조소용의 사촌 오빠로, 저주의 옥사에 연관되어서 이미 붙잡아다 국문하라는 명이 있었다. 그런데 조인필의 사위인 이영 등이 자신에게 화가 미칠까 두려운 나머지 이들의 음모를 고한 것이다.

이에 즉시 김자점과 조인필, 김자점의 아들인 김연(金鍊)·김식(金鉽), 그리고 조소용의 딸 효명옹주와 혼인한 김자점의 손자 김세룡(金世龍) 등 사건과 관련된 인물을 모두 붙잡아 신문했다. 결국 추궁받은 자들이 역모 사실을 자백함으로써 김자점을 비롯해 이 사건에 연루된 사람들은 대부분 처형되었다.

산당과 한당의 대립

인조반정에 성공하여 정권을 잡은 서인은 공서(功西)와 청서(淸西)로 양분되었다. 그리고 효종 대에 이르러서는 각각 낙당과 원당, 한당과 산당으로 나뉘었다. 이 중 낙당과 원당은 반정공신인 김자점과 원두표를 중심으로 결집한 훈구 세력이었고, 한당과 산당은 김육과 김집을 중심으로 결집한 신진 세력이었다. 강력한 세력을 형성하던 낙당과 원당은 서로 견제하는 가운데 산림을 등용해 자신들의 입지를 강화하려고 했다.

이런 와중에 대거 정계에 진출한 호서 사림은 세력을 확장하며 오히려 낙당과 원당을 공격하기 시작했다. 먼저 양사의 탄핵으로 낙당과 원당의 영수인 김자점과 원두표가 차례로 파직되었다. 이후 김자점은 그의 아들들과 모반을 꾸미다 발각되어 처형되었고, 이를 계기로 낙당은 완전히 몰락하게 되었다. 낙당의 몰락에 고무된 산당은 여세를 몰아 원당 인사들까지 축출하는 데 성공했다.

낙당의 패망과 원당의 축출은 훈구 세력 퇴진을 의미하는 것이었다. 이제 조정에는 신진 세력을 대표하는 한당과 산당이 공존하는 형국이 되었다. 그런데 동일한 신진 세력이라도 한당과 산당은 체질이나 성향이 전혀 달랐다. 한당이 경화사족(京華士族)으로 구성되어 관료 지향적인 성향이 강한 집단이라면, 산당은 시골 출신으로 도학을 지향하는 유학자로 구성되어 있었다. 이러한 성향의 차이는 정치 이념의 차이로 이어져 점차 불협화음의 조짐을 보였다.

그런데 이 무렵 조정에서 '산두(山頭)' '산심(山心)' '산족(山足)'이라는 표현이 나돌고 있었다. 산두는 김집, 산심은 김익희(金益熙), 산족은 유계를 두고 하는 말이었다. 이는 산당이 하나의 당파로 각인되고 있었음을 보여준다. 산당의 당세가 커지자 부작용도 적지 않게 나타났다.

효종이 즉위하던 해, 송시열은 효종의 부름을 받고 당당하게 입조했다. 그런데 막상 효종이 병을 이유로 접견을 거부하자 조복을 팽개치고 낙향한 일이 있었다. 실로 과감하고도 무례한 행동이었다. 송시열의 이러한 행동은 곧바로 비난의 대상이 되었지만, 김집은 도리어 송시열을 두둔했다. 이로써 산당에 대한 이미지는 점차 나빠지고 있었다. 특히 이들을 보는 한당의 눈초리는 더욱 예사롭지 않았다.

이런 흐름 속에서 1650년(효종 1) 1월, 김육과 김집이 정면 충돌하는 사건이 발생했다. 표면적인 이유는 대동법 확대 실시에 따른 의견 차이였지만, 속을 들여다보면 한당과 산당 대립 구도의 산물임을 알 수 있다.

특히 김육이 '삼불가퇴론(三不可退論)' '삼불가불퇴론(三不可不退論)'을 내세우며 김집의 산림 처신을 풍자하면서 갈등은 더욱 심화되었다. 김집에 대한 풍자는 분명 산당 전체를 조롱하는 것이었다. 이에 김집은 모욕과 수치심을 이기지 못하고 연산으로 낙향하고 말았다. 당주가 조소당하고 낙향했으니 산당으로서는 어처구니없는 노릇이었다. 송시열·송준길이 효종에게 김집의 낙향을 만류해줄 것을 간청했지만, 효종은 도리어 김육을 두둔했다. 효종의 마음은 이미 한당 쪽으로 기울었던 것이다.

당주가 떠난 마당에 산당 인사들은 조정에 남아 있을 명분이 없었다. 이에 송시열·송준길은 회덕으로, 이유태는 금산으로, 유계는 공주로 돌아갔다. 산당의 완전한 퇴진이었다. 효종 즉위와 함께 급부상해 낙당과 원당을 축출했지만, 정국의 주도권을 잡기 직전 한당에게 덜미를 잡힌 것이다.

산림 중용은 인조 이래의 정치적인 관행이었다. 효종도 호서 사림을 대거 등용하면서 누구보다 숭용 산림의 기치를 높이 표방했다. 그런데 왜 효종은 한당과 산당의 대립에서 한당의 편을 들었을까? 즉위 초 효종은 내심 산당을 꺼리고 있었다. 이들이 출사 명분으로 강빈(姜嬪) 신원을 내세웠기 때문이다. 다만 숭용 산림의 정치적인 관행에 따라 표면적인 예우와 함께 이들을 일시적으로 등용했던 것이다.

한편 일시 퇴진으로 정계에서 족적을 감추었던 산당은 1658년(효종 9)에 김육이 죽고 북벌이 구체화되면서 다시 입조했다. 이후 이들은 조선 후기 정치사의 흐름을 바꿔놓을 정도로 막강한 세력을 구축하게 되었다.

효종의 북벌 정책

효종은 8년간 심양 생활을 하는 동안 청나라 황제를 따라나선 수렵에서, 또 3회에 걸친 정명전(征明戰) 종군에서 조선인 포로들의 처참한 생활을 실감했다. 그는 청의 사정과 지형에 대해서도 면밀히 파악하는 등 단순한 볼모 생활에 그치지 않고 훗날을 도모했다.

이렇듯 즉위 전부터 '숭명배청(崇明排淸)' '복수설치(復讐雪恥)'를 다짐했던 효종은 즉위와 함께 구체적으로 북벌을 계획했다. 즉위 초 조정에서 쫓겨난 김자점 일당이 청에 밀고하는 바람에 효종의 북벌 계획은 한때 좌절의 위기를 겪기도 했다. 그러나 효종은 포기하지 않았다.

한편 효종의 입장에서는 자신과 입장이 다른 청나라를 옹호하는 주화파는 부담스러운 존재였다. 이에 효종은 청나라를 배척하는 사림 세력의 지원이 필요했다. 반청 사림 세력도 정치적으로 재기하려면 효종의 지지가 필요했다. 성리학적인 대의명분론에 근거한 척화론이 반청론으로 이어지는 가운데 효종과 반청 사림 세력의 정치 의도는 북벌론으로 자연스럽게 이어졌다.

1652년(효종 3)부터 효종은 본격적으로 북벌을 준비하기 시작했다. 우선 군사력 정비를 위해 어영군을 확대 개편했다. 막대한 재정 부담이 따르는 일이었기 때문에 당시 조정의 핵심 인사였던 김육은 이를 반대했다. 그러나 효종은 뜻을 굽히지 않았다.

결국 1,000명의 상주 병력이 도성과 국왕을 호위하게 되었다. 또한 왕의 친위병인 금군(禁軍) 600명을 기병화해 전투력을 향상시키고, 1655년(효종 6)에는 금군의 수를 1,000명으로 늘렸다. 제주도에 표류한 네덜란드인 하멜(Hendrik Hamel) 일행을 훈련도감에 배속시켜 신식 총기를 제작하기도 했다. 이밖에 각 가정에서는 좋은 말을 기르게 하고 마을 단위로 수백 명씩 모아 활과 조총 사용법을 훈련하기도 했다.

이러한 노력에도 북벌의 기회는 좀처럼 찾아오지 않았다. 그러던 중 뜻밖에 청의 파병 요청으로 러시아 정벌을 나서게 되는 상황이 발생했다. 당시 청나라는 러시아와 분쟁하면서 흑룡강 유역에서 군사적으로 충돌하고 있었다. 그런데 청나라의 구식 무기로는 러시아의 총포에 대적할 수 없었다. 이에 청나라는 조선에 조총군 파병을 요청하기에 이르렀다. 조선은 이를 거절할 명분이 없었다.

결국 효종은 함경도병마우후 변급(邊岌)에게 조총군 100명과 초관(哨官)·기고수(旗鼓手) 등 50여 명을 거느리고 출정하도록 했다. 청나라 군사 3,000명과 함께 영고탑을 출발한 조선 조총군은 흑룡강을 거슬러 올라오는 러시아군을 만났다. 조선 조총군의 맹렬한 공격으로 러시아군의 기세는 단 7일 만에 꺾였다. 조선 조총군은 그렇게 전승을 거두고 개선했다. 이것이 1654년(효종 5)에 있었던 제1차 러시아 정벌이다.

이후 1658년(효종 9)에 한 차례 더 조총군을 파병하는데, 이것이 제2차 러시아 정벌이다. 이때 함북병마우후 신유(申瀏)가 조총수 200명과 초관·기고수 등 60여 명을 이끌고 갔다. 조선군은 송화강과 흑룡강이 합류하는 곳에서 러시아 군사를 만났다. 이 전투에서도 조선군이 흑룡강 쪽에서 활동하던 러시아군의 주력 부대를 거의 섬멸할 정도로 대승을 거두었다.

두 차례의 러시아 정벌에서 조선의 군대는 기대 이상의 전과를 올렸다. 이로써 그동안 북벌을 계획하며 준비했던 효종의 군사력 강화 노력이 실전에서도 통한다는 사실이 입증되었다. 그러나 정작 복수의 대상인 청나라를 군사적으로 도와준 셈이 되고 말았다. 이처럼 북벌이 계획대로 실행되지 않자 점차 반대의 목소리가 커지기 시작했다.

송시열의 북벌론

효종의 북벌 계획은 벽에 부딪쳤다. 군사력 강화로 백성의 부담은 점차 가중되어갔다. 뿐만 아니라 북벌의 기회가 좀처럼 오지 않자 효종의 북벌론 자체에 회의를 갖는 사람이 하나둘 늘어갔다. 게다가 북벌론의 한 축인 송시열과 견해의 차이를 보이면서 효종은 더욱 힘들어졌다.

산당의 일거 퇴진 후 향리에 은거하며 정국의 추이를 관망하던 송시열은 1658년(효종 9)에 산당의 영수가 되어 조야의 중망을 받으며 정치 일선에 복귀했다. 효종과 송시열이 북벌론의 기치 아래 의기투합할 수 있었던 것은 서로가 상대방에게 기대하는 역할이 있었기 때문이다. 효종은 송시열을 통해 북벌의 대의명분을 확보함으로써 북벌 의지를 더욱 확고히 하고자 했고, 송시열은 효종의 북벌론을 따르면서 자신의 입지를 강화하고자 했다. 그러나 군사력을 통한 실질적이고 구체적인 북벌을 구상하던 효종과 달리 송시열의 북벌론은 추상적이었다.

송시열은 이미 1649년(효종 즉위)에 올린 13개 조에 걸친 시무책에서 군덕의 함양과 기강의 확립, 그리고 검약검소의 생활을 통해 국력을 배양한 다음 북벌을 도모하는 것이 상책이라고 건의한 적이 있었다. 송시열의 북벌론은 사실상 명에 대한 종속 관념에서 나온 것이었다. 명과 조선의 군신 관계는 조선 개국과 함께 국시로 정해진 명분이었으며, 임진왜란 때의 '재조지은(再造之恩)'으로 더욱 공고해졌다. 그러므로 명을 파멸시킨 청은 한 하늘 밑에서 살 수 없는 군부의 원수였다.

송시열이 제시한 존주·북벌론의 구체적인 실천 방안은 실제적인 부국강병책이라기보다는 유교 정치의 보편적인 이념에 가까웠다. 이러한 정황으로 볼 때 송시열은 효종의 부름을 받아 북벌론의 기수로 나서기는 했지만 북벌론자는 아니었다. 더욱이 송시열은 치욕을 씻으려면 수신(修身)을 먼저 해야 한다는 논리를 내세우며 효종의 군비 확장을 간접적으로 비판하기도 했다. 말하자면 두 사람의 북벌론은 처음부터 동상이몽에 불과했던 것이다.

1659년(효종 10)에 효종은 송시열과 독대를 하여 북벌에 관한 자신의 구체적인 계획을 밝혔다.

> 저 오랑캐들은 이미 망할 형세에 있다. 10년을 기한으로 군사 훈련과 군장비·군량을 비축해 조신과 국민이 일치단결하고, 군사 10만 명을 양성해 틈을 타서 명과 내통해 기습하고자 한다.
>
> 『송자대전』「송서습유」 7권, 악대설화

그러나 효종의 이러한 강력한 의지에도 송시열은 여전히 북벌을 위해서는 내부가 중요하다는 기존의 주장을 고수했다. 효종은 다음과 같은 말로 이루지 못한 꿈을 탄식했다.

> 옛날에 "마음을 같이하는 신하가 한둘만 되어도 도움되지 않는
> 것이 아니다" 했는데 지금은 너나 없이 덩달아 눈앞의 이익만을
> 꾀하고 있으니, 나와 함께 일을 할 사람이 과연 누구이겠는가.
>
> 「효종대왕 묘지문」

효종의 갑작스러운 죽음

송시열과 독대한 후 두 달 만에 효종은 갑작스러운 죽음을 맞이했다. 1659년(효종 10) 5월 4일, 효종은 얼굴에 난 종기를 치료하던 중에 의원이 침을 잘못 놓아 손쓸 틈도 없이 엄청난 양의 피를 쏟고 숨을 거두었다. 유언 한마디 남기지 못하고 그렇게 효종은 세상을 떠났고, 그가 밤낮으로 꿈꾸던 북벌 계획도 결국 무산되었다. 그의 나이 41세였다.

효종의 시호는 선문장무신성현인(宣文章武神聖顯仁)이고, 능은 경기도 여주군 능서면에 위치한 영릉(寧陵)이다.

제18대 현종, 예송 정국을 맞이하다

허약한 군주 현종의 등극

1659년(효종 10) 5월 4일, 효종은 북벌의 꿈을 끝내 이루지 못한 채 갑자기 세상을 떠났다. 효종의 죽음으로 북벌 계획은 추진력을 잃고 역사 속에서 사라지게 되었다.

이러한 흐름에서 효종을 이어 왕위에 오른 이는 제18대 왕 현종이다. 현종은 1641년(인조 19) 효종이 볼모 생활을 했던 심양에서 태어났다. 어머니는 인선왕후 장 씨다. 자는 경직(景直), 이름은 연(淵). 1649년(인조 27) 9세의 나이로 왕세손에 책봉되었고, 1651년(효종 2) 11세의 나이로 왕세자가 되었다. 그가 왕위에 오를 당시의 나이는 19세였다.

현종 치세는 고단한 세월의 연속이었다. 외적의 침입이 있었던 것도 아니고 내부 반란이 일어난 것도 아니지만, 그는 15년의 세월 내내 좌불안석의 심정으로 지내야 했다. 불안의 첫 시작은 예송에서 비롯되었다. 현종은 조선 후기 정치사의 최대 쟁점이자 현안이었던 두 차례의 예송을 힘겹게 치렀다. 이 과정에서 부왕의 정통성이 은연중에 무시되는 치욕과 수모도 감수해야 했다.

북벌도 문제였다. 부왕 효종이 혼신의 열정을 바쳐 추진했던 북벌의 노른자위를 송시열 일파가 죄다 차지하고 말았다. 효종의 죽음은 북벌론의 실질적인 중단을 의미했지만, 송시열만은 건재했다. 그는 여전히 북벌론을 외치며 조야를 호령하고 있었다. 북벌을 가로막은 장본인이 도리어 북벌을 매개로 권력을 휘두르는 사태를 연출하고 있었다. 북벌론으로 덕을 본 사람이 송시열이라면 현종은 간접적인 피해자였다.

송시열은 현종을 임금으로 대우하지 않았다. 송시열이 현종을 대하는 태도는 한마디로 안하무인 격이었다. 송시열 등 서인이 기해예송에서 자의대비의 복제를 기년복으로 정하고, 세도 재상론을 표방하며 군권을 압박한 것도 이런 맥락이었다. 효종의 그늘에서 성장한 송시열은 이제 현종을 위협하며 국정을 좌지우지했다. 바야흐로 '군약신강(君弱臣强)'의 시대가 온 것이다. 왕조 국가에서는 있을 수 없는 기현상이었다. 이러한 사정이 청나라에까지 알려지면서 조사단이 파견될 정도였다. 그야말로 국왕의 체면은 말이 아니었다. 이런 과정을 거치면서 서인의 일당 독주 체제는 더욱 강화되었다.

현종의 정비는 김우명(金佑明)의 딸인 명성왕후(明聖王后)다. 김우명은 당대의 명문 청풍 김 씨로 김육의 아들이며, 한당의 영수였다. 청풍 김 씨 가문은 현종의 외척으로서 정치적으로 엄청난 영향력을 행사했다. 현종과 명성왕후는 1남 3녀를 낳았으며, 장자가 제19대 왕 숙종이다.

기해예송

효종이 죽자 자의대비의 상복 문제가 불거졌다. 효종이 인조의 적장자가 아니기 때문에 논쟁의 여지가 있었던 것이다. 이러한 논의는 단순히 상복 문제에만 그치지 않았다. 효종의 왕위 계승이 적법한가 그렇지 못한가 하는 문제와도 직결되었다. 따라서 자칫 커다란 파문이 일 수 있는 민감한 사안이었다.

특히 당시에 인조의 적장자였던 소현세자의 막내아들 경안군 석견(石堅)이 살아 있었다. 또한 산림은 인조가 봉림대군에게 왕위를 물려주고 강빈을 억울하게 죽게 한 처사에 대해서 비판적인 입장이었다.

현종은 상례에 대해서 효종의 신임과 사림의 중망을 함께 받고 있던 송시열과 송준길 등에게 일임하도록 했다. 송시열은 남인의 이론가인 윤휴에게 의견을 물었다. 이에 윤휴는 너덜너덜한 3년복을 입어야 한다고 주장했다. 그리고 자신의 의견을 편지에 담아 이시백(李時白)을 통해 영의정 정태화에게 보냈다. 정태화는 이를 다시 송시열과 의논했다. 그런데 송시열의 의견은 윤휴와 달랐다.

송시열은 『의례주소(儀禮注疏)』의 4종설[四種之說], 즉 비록 왕위에 올랐어도 3년복을 입을 수 없는 4가지 이유를 들어 1년복을 주장했다. 4종설이란 적자로서 병 때문에 왕위를 계승하지 못한 경우, 서손(庶孫)이 뒤를 이었을 경우, 서자(庶子)가 뒤를 이었을 경우, 적손(嫡孫)이 뒤를 이었을 경우에는 부모가 3년복을 입지 않고 1년복을 입어야 한다는 것이다. 송시열은 이 중 효종이 '서자가 뒤를 이었을 경우'에 해당한다고 주장했다[體而不正].

정태화는 이 말을 듣고 크게 놀랐다. 효종이 서자이기 때문에 자의대비가 3년복을 입지 못한다면 효종의 정통성 문제가 제기될 위험이 있었기 때문이다. 결국 『경국대전』에 있는 대로 장자·차자 구별 없이 1년복을 입는다는 규정[國制]을 적용해 1년복으로 확정했다. 송시열도 『대명률』에 같은 내용이 기록되어 있으니 1년복으로 하자고 동의했다. 즉 이때의 1년복은

4종설이 아니라 『경국대전』과 『대명률』로 정해진 것이었다.

그로부터 1년 뒤인 1660년(현종 1) 3월, 남인인 허목이 「상소」를 올려 이의를 제기했다. 그는 복제 논의가 처음 있을 때 지방에 있어 참여하지 못했다. 그러나 1년복으로 정해졌다는 소식을 듣고 소상(小祥: 사람이 죽고 1년 뒤에 지내는 제사)이 지나기 전에 복제를 바로잡아야 한다고 주장했다. 그는 '첫째 아들[長子]'이 죽으면 '적처 소생 둘째 아들[第二長子]'을 장자로 삼을 수 있으니, 효종이 둘째 아들이지만 종통을 이을 수 있다고 했다. 또한 송시열이 말하는 4종설 중 서자는 중자(衆子: 처 소생 장자 외의 아들)가 아니라 첩자(妾子)기 때문에 이 조항을 효종에게 적용하는 것은 잘못이라고 지적했다. 그리고 첫째 아들이 죽어 둘째 아들이 대를 이었을 때 둘째 아들을 위해 1년복을 입는다는 규정은 『의례주소』에서 찾아볼 수 없다고 했다.

이렇게 허목의 주장과 송시열의 주장은 서로 달랐다. 허목은 서자를 첩자로 보았고, 송시열은 중자로 보았기 때문이다. 그런데 같은 3년복을 주장했지만, 허목은 윤휴와도 입장이 달랐다. 윤휴는 왕통을 이었으면 무조건 적통을 잇는 것으로 보아 자의대비의 상복을 너덜너덜한 3년복으로 해야 한다고 했다. 하지만 허목은 아들이 어머니 상에 입는 상복은 한 등급 아래인 가지런한 3년복이므로 반대로 어머니도 아들을 위해 가지런한 3년복을 입어야 한다고 했다.

허목의 「상소」가 올라오자 현종은 예조에 명해 자의대비 복제 문제를 다시 의논하게 했다. 현종의 입장에서는 아버지의 정통성을 위해 3년복을 선호할 수밖에 없었다. 그러나 집권당인 서인의 주장을 무시할 수도 없었다. 예조판서 윤강(尹絳)은 허목의 주장을 못마땅하게 생각해 송시열을 비롯한 대신들과 상의했다. 송시열은 즉각 허목의 주장을 조목조목 반박했다. 송준길도 송시열의 편을 들어 허목과 윤휴의 주장을 싸잡아 공격했다. 신료 중에는 허목의 주장이 정론이라고 여기는 사람도 있었다. 그러나 산림의 공론에 거스를까봐 누구 하나 변론에 나서는 이가 없었다.

　　송시열은 계속해서 사대부례와 왕조례가 다르다는 것이 무슨 말인지 모르겠다면서 윤휴와 허목의 주장을 공격했다. 이러한 상황에서 윤선도가 「상소」를 올렸다. 윤선도는 「상소」를 통해 허목의 설이 옳고 송시열의 설은 틀렸다고 주장했다. 윤선도는 또 「상소」의 말미에 "이 「상소」는 임금과 종사를 위해서 올린 것이지 일신의 안위를 돌보고자 올린 것은 아니다. 그러니 이 「상소」가 들어가고 안 들어가고, 시행되고 안 되는 것은 임금의 권세가 든든한가 든든하지 않는가와 관계가 있으며, 국운이 이어지고 이어지지 않는 것과 관계가 있다"는 말을 달아놓았다. 복제 시비뿐만 아니라 효종의 정통성을 거론하면서 송시열과 송준길을 인신공격한 것이었다. 따라서 순수 학설 논쟁으로 시작된 자의대비 복제에 대한 예송은 일거에 정쟁으로 치닫게 되었다.

서인은 윤선도의 「상소」를 "예론을 빙자해 상하를 이간질시킨 것"으로 치부했다. 송시열은 이전에 이미 낙향했고, 송준길은 황급히 벼슬을 버리고 떠나버렸다. 서인은 윤선도를 중벌에 처하고 떠나는 송준길을 만류해야 한다고 강력히 주장했다.

처음에 현종은 윤선도가 효종의 세자 시절 사부(師傅)였다는 이유로 이러한 주장을 묵인했다. 그러나 서인의 성화에 못 이겨 할 수 없이 그를 함경도 삼수(三水)로 귀양 보냈다. 종통·적통과 같은 예론 문제를 공박했다기보다는 서인의 영수들을 무자비하게 공격한 것이 문책의 이유가 되었다.

현종은 여론에 밀려 윤선도를 처벌하기는 했으나 마음속으로는 그의 주장에 동조하고 있었다. 그래서 대신들에게 자의대비 복제 문제를 다시 의논하라고 했다. 그러나 대신들은 대부분 원래 정한 대로 『경국대전』에 따라 1년복으로 하는 데 찬동했고, 결국 서인의 주장대로 1년복으로 확정되었다. 그런데 유계를 비롯한 일부 서인은 송시열의 4종설을 바탕으로 1년복이 관철된 것으로 생각했다.

복제가 확정된 뒤에도 원두표·조경·홍우원(洪宇遠)·김수흥(金壽興)·조수익(趙壽益)·서필원(徐必遠) 등은 허목과 윤선도의 주장을 옹호하고 나섰다. 그러나 바야흐로 서인 정국이 되면서 남인은 실각했고, 예송으로 양측의 사이는 더욱 나빠져 돌이킬 수 없게 되었다. 숙종 대에 벌어진 서인과 남인의 치열한 당쟁은 바로 이때 싹튼 것이다.

예송 논쟁은 중앙 정계에 그치지 않고 성균관과 지방 유생들에게도 확산되었다. 특히 1666년(현종 7) 2월에 영남 유생 유세철(柳世哲) 등 1,000여 명은 송시열의 1년설을 비판하고 허목의 3년설을 지지하는 「상소」를 올려 정국을 또 한 번 긴장시켰다. 그러나 홍득우(洪得雨) 등 성균관 유생과 기호 유생은 송시열을 옹호하고 유세철을 공격했으며, 유세철 등은 처벌되었다. 이처럼 전국이 당쟁의 소용돌이에 말려들고 있었다.

갑인예송

효종이 죽은 지 15년 만인 1674년(현종 15) 2월 23일, 효종비 인선왕후가 죽었다. 한편 기해예송 때 복제 문제로 논란의 빌미를 제공한 자의대비는 여전히 살아 있었다. 논란의 불씨를 안고 애매하게 결말을 본 복제 문제가 재연되었다. 자의대비의 상복은 인선왕후를 장자부(長子婦)로 볼 것인가, 중자부(衆子婦)로 볼 것인가에 따라 좌우될 사항이었다. 이는 곧 효종을 장자로 볼 것인가, 중자로 볼 것인가 하는 문제와도 직결되었다.

처음 예조에서는 자의대비의 상복을 1년복으로 정했다. 그러다 가례복도(家禮服圖)와 『경국대전』에 따라 대공복(大功服: 9개월복)으로 다시 바꾸어 올렸다. 이 결정이 못마땅했던 현종은 번복한 연유를 승정원에 캐물었다. 승지 정석(鄭晳)에게 자초지종을 들은 현종은 예조판서 조형(趙珩), 참판 김익경(金益炅), 참의 홍주국(洪柱國), 정랑 임이도(任以道) 등 예조 담당 관료들을 잡아다 취조하라고 명했다. 다음 날에 있을 성복(成服: 상제들이 복제에 따라 상복을 입는 절차)이 복제 변경으로 이루어질 수 없었기 때문이다.

승정원에서는 예조판서가 없는 상태로 성복을 치를 수 없으니 급한 대로 구전(口傳: 말로 하는 전지)으로 예조판서를 임명할 것을 건의했다. 현종은 구전으로 홍처량(洪處亮)을 예조판서에, 이원정(李元楨)을 참판에 임명했다. 그리고 서인의 공격을 받아 충주에 내려가 있던 영의정 허적(許積)을 불러올려 성복에 참여하도록 했다. 이러한 과정을 거치면서 효종비의 시호는 인선(仁宣), 성복은 9개월복으로 결정이 되었다.

그런데 성복한 지 5개월 뒤인 7월 6일, 자의대비의 복제가 잘못 정해졌다고 반론을 제기하는 「상소」가 올라왔다. 경상도 대구 유생 도신징(都愼徵)의 「상소」였다. 그는 기해예송 당시의 자의대비 복제는 장자복이었고, 따라서 인선왕후를 위해서도 장부복(長婦服)인 1년복을 입어야 한다고 주장했다. 효종 상에 대왕대비 복제는 『경국대전』에 의해 장자복인 1년복으로 정해졌는데 인선왕후상에 9개월복을 입는 것은 근거가 없다는 것이었다. 이에 예송 논쟁이 또다시 불붙게 되었다.

실제로 『경국대전』에는 어머니가 아들을 위해 장·중자 구별 없이 1년복을 입는 것으로 되어 있다. 그런데도 시어머니가 며느리를 위해서는 장자부는 1년복을, 중자부는 9개월복을 입도록 규정하고 있다. 아들을 위해서는 장·중자를 구별하지 않으면서 며느리를 위해서는 장·중자부를 구별했던 것이다.

일찍이 송시열이 "효종대왕은 인조의 서자라 해도 괜찮다"는 말을 했고, 현종은 이를 내심 불쾌하게 생각하고 있었다. 송시열의 한마디는 부왕인 효종뿐만 아니라 자신의 정통성마저 위태롭게 하는 발언이었기 때문이다. 당시 남인은 이 말을 빌미로 정국을 뒤집을 기회만 엿보고 있었다. 도신징의 「상소」는 바로 그러한 계기를 마련해준 셈이었다.

도신징의 「상소」는 복제 시비의 금령 때문에 왕에게 올라가지 않았다. 도신징은 기해예송에 대해서는 금령이 내려졌지만, 갑인예송에 대해서는 금령이 내려진 바 없다고 주장했다. 우여곡절 끝에 결국 그의 「상소」는 왕에게 올려졌다. 현종은 병풍에 "영남 유생 도신징"이라고 써놓을 정도로 비상한 관심을 보였다. 현종은 이 「상소」를 7일이나 가지고 있다가 비변사 제신들을 인견하는 자리에서 거론했다.

현종은 영의정 김수흥에게 인선왕후상에 대왕대비 복제를 바꾼 까닭을 다시 캐물었다. 김수흥이 말하기를 자의대비의 복제를 바꾼 것은 앞서 효종상에 대왕대비 복제를 1년복으로 정했기 때문이라고 했다. 이는 직접적으로 거론하지는 않았지만, 효종상의 대왕대비 복제는 중자복을 적용했음을 암시하는 것이었다.

현종은 도신징의 「상소」를 읽게 하고, 기해 복제가 차장자복(次長子服)을 적용한 것인지 물었다. 이에 승지 김석주(金錫胄)는 송시열이 "효종대왕은 인조의 서자라 해도 괜찮다"고 말해 허목이 이의를 제기했던 사실을 환기시켰다. 김석주는 같은 서인이지만 송시열과는 사이가 좋지 않았다. 그의 청풍 김 씨 일가가 송시열의 견제로 불이익을 많이 받았기 때문이다. 김석주는 그렇지 않아도 송시열에게 유감을 품고 있던 현종을 자극시키고자 했다.

현종은 당시 예조판서 조형의 실수를 준엄하게 꾸짖고 대신 회의에서 이 문제를 재차 논의하도록 했다. 그러나 대신들은 기해 복제가 정해진 내력만을 보고할 뿐이었다. 이들은 9개월복이 옳다고 여기는 데 변함이 없었다. 현종은 다시금 9개월복이 잘못 정해진 것임을 지적하고, 김석주에게 『의례주소』를 조목조목 해설해 올리라고 했다. 김석주는 스스로 공평하게 해설했다고 하면서도 '서자'를 허목과 같이 '첩자'로 해석해 송시열의 주장을 은근히 비판했다. 현종은 "대통을 이은 중자는 장자가 된다"는 조항을 『경국대전』에 보완하는 방안을 도출하도록 강요하기도 했다.

이틀 동안 네 차례에 걸친 빈청 회의를 통해 현종은 "중자가 승통(承統)하면 장자가 된다"는 결의를 얻어내려고 했다. 그러나 그의 의도는 수포로 돌아갔고, 결국 왕의 직권으로 1년복을 선포해버렸다. 그리하여 도신징의 「상소」가 올라온 지 10일 만에 인선왕후를 위한 자의대비의 복제는 1년복으로 바뀌게 되었다. 현종은 이미 1년복으로 확정하려는 의지를 가지고 있었다. 결국 그는 인선왕후 초상 때 예조가 자의대비의 복제를 1년에서 9개월로 바꾼 것을 트집 잡아, 기해예송 때 서인의 압력으로 달성하지 못한 자신과 부모의 정통성을 확립해냈다.

이때의 복제 개정에 남인의 직접적인 참여는 없었다. 윤선도는 이미 세상을 떠났고, 윤휴·허목 등 기해예송에 참여했던 예론의 대가들조차 별다른 간여를 하지 않았다. 서인인 정태화·송준길도 이미 죽고 없었고, 송시열도 나서지 않았다. 갑인예송 당시 끝까지 9개월복을 주장했던 이들은 송시열의 일파인 김수항·김수홍·민유중(閔維重)·조형·김익경·김만기(金萬基)·홍처량·강백년(姜栢年) 등이었다.

현종은 복제를 바로잡은 그날, 초상 때의 예관(禮官)이던 예조판서 조형, 참판 김익경, 참의 홍주국, 정랑 임이도 등을 옥에 가두었다. 또 다음 날에는 영의정 김수흥을 춘천에 유배시켰다. 조신들의 반발 또한 만만치 않았다. 그러자 반발하는 서인 관료들을 속속 처벌했다.

그럼에도 반발이 계속되자, 현종은 서인을 몰아내고 남인을 끌어들였다. 이하진(李夏鎭)·이옥(李沃)·권대운(權大運)·민암(閔黯)·목내선(睦來善) 등의 남인을 요직에 대거 기용한 것이다. 반면에 김수항·김수흥·민유중·조형·김익경·김만기·홍처량·강백년 등 서인은 관직에서 철저히 배제되었다.

이렇듯 현종은 외척 김석주의 도움을 받아 1674년(현종 15) 7월 29일, 서인을 숙청하고 독단적으로 1년복을 확정지었다. 그리고 사흘 뒤인 8월 1일, 1년복으로 성복하고 종묘에 고유(告由: 사유를 들어 고함)했다.

그런데 그해 8월, 현종은 갑작스럽게 병세가 악화되더니 숨을 거두고 말았다. 향년 34세였으며 재위 기간은 15년이었다. 예송 논쟁에 가려지기는 했어도 현종은 재위 기간 양란으로 혼란해진 조선의 지배 체제를 재확립하기 위해 나름대로 노력했다. 비록 효종의 북벌 정책은 포기했지만, 군비 강화에는 여전히 힘썼다. 조세 징수 체계의 확립에도 노력을 기울였으며, 대동법을 호남 지방으로 확대 실시했다. 또한 막판에는 단독으로 서인에 일침을 가하면서 군왕의 위엄을 톡톡히 세웠다. 이는 아들 숙종이 환국을 기도하며 강력한 왕권을 구축하는 데 도움이 되었다.

현종의 시호는 소휴(昭休)이며, 능은 경기도 구리시에 있는 숭릉(崇陵)이다.

제19대 숙종, 환국 정치로 왕권을 강화하다

14세에 왕위에 오른 숙종

1674년(현종 15) 8월 중순부터 현종의 증세가 위중해졌다. 의식이 오락가락한 채로 며칠을 보내던 8월 18일, 현종은 영의정 허적, 좌의정 김수항, 우의정 정지화(鄭知和), 그리고 승지와 사관이 지켜보는 가운데 숨을 거두었다.

현종이 재위 15년 만에 죽자 14세밖에 되지 않은 세자가 왕위에 올랐다. 그가 제19대 왕 숙종이다. 숙종은 1661년(현종 2) 8월 15일에 현종과 명성왕후의 외아들로 태어났다. 그가 태어나기 전 효종이 꿈을 꾸었는데, 용이 명성왕후의 침실 이

불에 덮여 있었다고 한다. 이를 보고 효종은 원손(元孫)을 얻을 좋은 징조로 여겼는데, 효종이 죽고 2년 후에 숙종이 태어났다. 이름은 순(焞), 자는 명보(明普). 7세에 왕세자로 책봉되었으며, 송시열·송준길·김좌명(金佐明)·김수항 등의 가르침을 받았다.

숙종은 어린 나이에 왕위에 올랐지만, 나이 많은 대신 앞에서도 거리낌 없이 큰소리를 치고 마음에 들지 않는 신하는 즉시 유배를 보내거나 사사하는 등 과단성 있는 정치력을 발휘했다. 이는 부왕인 현종이 재위 기간 내내 신하들에게 왕으로서 인정받지 못하고 휘둘리던 것과는 상반된 모습이었다. 특히 숙종은 격화된 서남 당쟁을 오히려 자신에게 유리하게 이용할 줄 아는 등 결단성이 있었다. 또한 상황에 따라 남인 혹은 서인에게 정치적으로 치명적인 타격을 입히는 이른바 환국 정치로 정국의 주도권을 쥐었다. 신하들은 손바닥 뒤집듯하는 왕의 마음이 언제 어떻게 변해 자신들에게 화가 미칠지 알 수 없어 눈치를 보는 형국이었다.

숙종의 즉위와 함께 먼저 집권한 세력은 남인이었다. 이는 현종이 죽기 전에 갑인예송을 통해 남인의 손을 들어준 덕분이었다. 숙종은 예송을 통해 송시열 등이 효종과 현종의 정통성을 부정하려 했던 것에 대해서 악감정을 가지고 있었는데, 남인이 그것을 이용했다. 결국 남인의 맹렬한 공격으로 송시열을 비롯해 갑인예송에 참여했던 여러 대신이 삭탈관작되었다. 이로써 숙종 즉위 첫해에 허적·허목·윤휴·권대운 등의 남인이 대거 기용되어 요직을 차지했다.

숙종은 1671년(현종 12)에 김만기의 딸 인경왕후(仁敬王后)와 혼인했다. 인경왕후는 두 딸을 낳았으나 모두 일찍 죽었고, 자신도 1680년(숙종 6)에 20세의 젊은 나이로 일찍 세상을 떴다. 이후 숙종은 민유중의 딸 인현왕후(仁顯王后)를 계비로 맞이했다. 인현왕후는 후사를 잇지 못했다. 그러다 숙종의 총애를 받은 희빈 장 씨가 낳은 아들(경종)이 세자에 책봉되면서 격화된 서남 당쟁의 희생물이 되어 한때 폐비되기도 했다. 그러나 갑술환국으로 서인이 재집권하면서 복위되었다. 인현왕후가 1701년(숙종 27)에 병으로 죽자, 숙종은 둘째 계비로 김주신(金柱臣)의 딸 인원왕후(仁元王后)를 맞이했다. 인원왕후도 자식을 낳지 못했다. 숙종은 숙빈 최 씨와의 사이에서 연잉군을 낳았으며, 명빈 박 씨는 연령군(延齡君)을 낳았다.

삼복 제거

현종조에 이르러 외척인 청풍 김 씨 가문이 서서히 기승을 부리기 시작했다. 한당의 영수 김육은 효종 초 산당의 진출에 제동을 걸어 김집·송시열·송준길을 강제로 환향시킨 당대의 실력자였다. 그의 후광을 입어 아들 김우명이 현종의 장인이 되면서 청풍 김 씨는 조선 최고의 명문이 되었다. 손자 김석주가 갑인예송에서 노련한 정치술을 발휘할 수 있던 것도 외척이라는 가문의 배경 덕분이었다.

김석주는 공작 정치, 기찰 정치라는 권모술수를 동원해 서인을 축출하고 남인의 집권을 도왔다. 여기에는 그만한 이유가 있었다. 바로 송시열 때문이었다. 김석주에게 송시열은 두려움의 대상이며 넘어야 할 장벽이었다. 이런 점에서 갑인예송은 송시열을 제거할 절호의 기회였다. 이렇게 서인이 축출되자 김석주는 확고부동한 권력의 실세가 되었다. 숙종 초기는 남인인 영의정 허적과 김석주의 결탁으로 이루어진 연합정권의 형태를 띠었다.

이러한 때 청풍 김 씨 가문에 눈엣가시처럼 여겨진 인물들이 있었다. 바로 복창군(福昌君) 형제와 동복 오 씨였다. 복창군 형제는 인조의 셋째 아들인 인평대군의 아들들로 복녕군(福寧君)·복창군·복선군(福善君)·복평군(福平君) 등 모두 4형제였다. 이 중에서 첫째 복녕군은 일찍 죽고 3형제가 남아 있었는데, 이들을 '삼복(三福)'이라 불렀다. 이들은 효종 때 왕의 조카로 사랑받았고, 현종 때는 왕의 사촌으로 궁중에 자유롭게 출입할 정도로 절대적인 신임을 받았다. 친형제가 없고 가까운 친척도 없었던 숙종에게는 삼복이 골육 같은 왕실의 지

친이었다.

한편 동복 오 씨는 삼복의 외가로서 왕실과 통혼한 남인의 명가였다. 삼복의 아버지 인평대군은 오단(吳端)의 사위였고, 오단의 아들인 오정위·오정창·오정일 등은 삼복의 외숙으로서 숙종 초기 남인 정권에서 핵심 인물로 성장했다. 이들은 왕실과 통혼하면서 남인 외척이나 다름없는 위상을 누리고 있었다. 김석주가 송시열 못지않게 오정위·오정창 형제를 질시하고 경계한 이유도 여기에 있다.

사실 삼복은 숙종의 유사시에 왕위에 오를 수 있는 첫 번째 대상자였다. 더욱이 당시는 숙종의 나이가 어리고 자식도 없었기 때문에 청풍 김 씨와 명성왕후는 불안감에 사로잡혀 있었다.

그러던 중 1675(숙종 1) 3월에 숙종의 외조부인 김우명이 삼복의 비리를 공식적으로 거론하면서 조정에 파문이 일었다. 삼복이 현종 때 왕의 총애를 믿고 궁중을 마음대로 출입하면서 궁녀와 간통해 자식까지 낳았으니 처벌이 마땅하다는 주장이었다. 김우명의 배후에는 대비인 명성왕후가 있었다. 삼복이 궁녀와 간통한 것이 사실이라면 결코 죄를 면할 수는 없었다.

이에 숙종은 복창군과 복평군, 그리고 이들과 간통한 여인들을 잡아다 국문할 것을 명했다. 그러나 이들 네 사람은 국문 과정에서 간통 사실을 완강하게 부인했다. 숙종은 이들에게 혐의가 없음을 인정하고 곧 풀어주었다. 사실 숙종은 처음부터 삼복에게 죄를 줄 마음이 없었다. 대비와 외조부의 의도를 간파한 숙종은 그들에 대한 예우 차원에서 국문을 명령했던 것이다.

그러자 이번에는 삼복의 외숙인 오정위가 허목과 윤휴를 움직여 상황을 반전시키고자 했다. 이에 허목과 윤휴는 숙종에게 삼복의 비리를 고발한 근거를 조사해달라고 강력하게 건의했다. 이는 김우명을 지목한 것이었다. 따라서 난처해진 김우명이 의금부에 자진 출두하는 기현상이 일어났다.

상황이 이렇게 되자 친정아버지 김우명의 입장을 변호하고 삼복을 축출하기 위한 대비의 개입이 불가피해졌다. 대비는 숙종이 신하들을 야대(夜對: 밤중에 왕과 신하가 함께 하던 경연)하는 자리에 나타나 대성통곡하며 삼복의 간통 사실을 장황하게 늘어놓았다. 대비의 개입으로 결국 복창군은 영암에, 복평군은 무안에 유배되고 나인 두 사람도 각각 삼수와 갑산에 유배되었다.

이때 조정에서는 삼복을 법대로 처단해야 한다는 논리와 변명하는 논리가 충돌했다. 판의금 장선징(張善徵)과 양사에서는 처단을 주장했고, 허목과 윤휴는 이들을 옹호했다. 남인 내부에서도 의견이 갈렸다. 허적 등 탁남(濁南)은 처벌론을,

허목과 윤휴 등 청남(淸南)은 동정론을 펼쳤다. 이로써 김석주와 허적의 연계가 드러나고 있었다. 그런 가운데 청남계 인사들은 대비를 맹렬하게 비방했다.

어쨌든 대비의 개입으로 숙종에게 위협이 될 만한 인물들을 미연에 제거할 수 있었다. 이것은 대비와 청풍 김 씨 측의 의도가 관철되었음을 의미했다.

이 일로 남인은 상당한 손실을 보게 되었으며, 반대로 김석주 등 외척의 영향력은 더욱 증대되었다. 김석주는 이 일에 직접 간여하지 않았지만 배후에서 모든 것을 조종하고 있었다. 그는 실로 노련하고 무서운 정치가였다. 그리고 그의 정치 술수는 1680년(숙종 6)에 일어난 경신환국 때 정점에 이르렀다. 경신환국으로 숙종 초기 권력을 누렸던 남인이 몰락한 것이다. 또한 숙종의 비호 아래 목숨을 부지했던 삼복과 그의 외가인 동복 오 씨도 철저히 탄압을 받아 회생이 불가능하게 되었다.

경신환국

1680년(숙종 6년) 3월 28일, 탁남의 영수 허적은 그의 조부 허잠(許潛)이 시호를 받자 이를 축하하는 연시연(延諡宴)을 베풀었다. 그는 조정에서 막강한 영향력을 행사하고 있었고, 연회에는 권문세가의 인물이 모여 인산인해를 이루었다. 그런데 당시 도성에는 진위를 가릴 수 없는 소문이 돌고 있었다. "잔치에 노는 자들 중 병조판서 김석주, 광성부원군 김만기와 같은 편 사람들을 독살하고, 허적의 서자 견(堅)이 장막 뒤에 따로 무사를 숨겨놓고 들이치려 한다"는 소문이었다.

이런 소문을 들은 김석주는 병을 핑계로 잔치에 참여하지 않았다. 대신 김석주는 김만기에게 참석할 것을 넌지시 권했다. 두 사람 모두 빠진다면 의심을 받을 수 있기 때문이었다. 김만기는 잔치에 참여하긴 했으나 일부러 늦게 도착했다. 그러고는 자리에 앉자마자 배가 고프다며 남의 잔을 빼앗아 마셨다. 이를 핑계로 돌림잔이 오면 일부러 받지 않았다. 독살을 염려했던 것이다.

이때 마침 비가 내렸다. 숙종은 특별히 궐내에서 쓰는 기름 먹인 장막과 차일인 유악(帷幄)을 허적에게 내어주라고 했다. 그런데 이미 허적이 허락도 없이 물건들을 가져간 뒤였다. 이 사실을 안 숙종은 권력의 힘을 믿고 방자하게 행동한 허적에게 불쾌한 마음을 감추지 못했다. 그리고 내시를 거지처럼 꾸미면서 허적의 잔치를 정탐하도록 시켰다. 과연 잔치에 참여한 서인은 김만기·신여철(申汝哲)·오두인(吳斗寅) 등 몇 명뿐이고, 거의가 기세등등한 남인이었다.

사태의 자초지종을 들은 숙종은 즉시 궐문을 닫지 말라고 명령하고, 남인 훈련대장 유혁연(柳赫然)과 서인 신여철·김만기를 불러들였다. 당시 연시연에 참석 중이던 유혁연과 김만기는 연락을 받고 황급히 일어났다. 급박한 사태임을 감지한 허적은 김만기를 붙잡고 자초지종을 물었지만, 김만기는 자신도 알지 못하는 일이라고 대답하면서 냉정하게 옷자락을 떨치고 나왔다. 허적과 연회에 참석했던 좌중은 닥쳐올 화를 예감했다.

이어 숙종은 훈련대장을 남인인 유혁연에서 서인인 김만기로 바꾼 것을 필두로 대대적인 정권 교체를 시작했다. 총융사와 수어사에 신여철·김익훈(金益勳) 등 서인을 임명하는가 하면, 예송의 패배로 철원으로 유배 가 있던 김수항을 석방했다. 또 같은 날, 편당적으로 인물을 등용해 일당 전제를 확충시킨 죄로 이조판서 이원정을 삭탈관작했다. 그리고 김수항을 영의정, 정지화를 좌의정, 남구만(南九萬)을 도승지, 조지겸(趙之謙)을 이조좌랑에 임명하는 등 서인을 요직에 앉혔다. 이에 남인은 사직하거나 축출되었다.

이것이 숙종 초에 정권을 잡았던 남인이 몰락하고 서인이 재집권한 경신환국이다. 경신환국은 표면적으로는 그저 '유악' 때문에 돌발적으로 불거진 사건처럼 보이지만, 허적 일당에 대한 왕의 입장 변화는 이미 1679년(숙종 5) 10월부터 있었다. 이를 눈치챈 허적은 입버릇처럼 "지난 10월부터 주상이

자못 싫어하는 기색이 있었다"는 말을 했었다. 이렇듯 남인의 축출은 진작부터 예견된 것이었다.

한편 경신환국을 배후에서 주도면밀하게 계획했던 이는 바로 외척 김석주였다. 그는 남인에게 염증을 느끼고 있던 숙종을 등에 업고 모종의 정치극을 꾸몄다. 그러나 김석주는 정권이 교체되는 정도에 만족하지 않았다. 그는 유약한 숙종을 보호한다는 명분 아래 계속해서 남인과 친밀한 관계를 유지하던 종친 세력을 완전히 제거하려는 공작을 꾸몄다.

경신환국이 단행된 지 7일 만인 1680년(숙종 6) 4월 5일, 김석주의 밀객인 정원로(鄭元老)·강만철(姜萬鐵)은 허적의 서자 허견(許堅) 등이 복선군을 왕으로 삼으려 한다고 고변했다. 허견이 복선군에게 "주상의 춘추가 젊으신데 몸이 자주 편찮으시고 또 세자가 없으니, 만약 불행한 일이 있으면 대감이 임금 자리를 면하려 해도 될 수가 없을 것입니다"라고 하는 것을 정원로가 들었고, 복선군은 이에 아무런 대답도 하지 않았다는 것이었다.

실제로 허견은 언젠가 허적이 민희(閔熙)에게 왕의 병약함을 걱정하자 민희가 복선군이 있지 않느냐고 한 이야기를 들은 적이 있었다. 그러고는 아비의 권세와 명망을 이용해 복선군과 관계를 돈독히 해나가는 과정에서 자신이 들은 얘기를 바탕으로 경솔하게 왕위 문제까지 발설하고 말았던 것이다.

복선군은 허견에게서 들은 내용을 시인했다. 허견도 "복선군과 같이 정원로의 집에 모여 병이 잦은 왕에게 만약 불행한 일이 닥치면 화를 예측할 수 없다. 반드시 도체찰사부를 복설해 만일의 사태에 대비해야 한다"는 뜻을 윤휴와 이원정에게 전한 후 협조를 요청했다고 자복했다. 사건의 전모가 밝혀지자 복선군은 교수형에 처해졌고, 허견은 능지처참을 당했다. 허적은 역모와 특별히 관련된 흔적은 없었지만, 부자 연좌율에 따라 삭탈관작되어 내쫓겼다가 끝내 사사되었다.

남인의 비극은 허적만으로 그치지 않았다. 송시열의 영원한 숙적이던 윤휴도 사사되고 말았다. 죄목은 대비를 잘 단속하라고 말했던 점, 복선군 형제와 친분이 돈독하고 도체찰사부의 복설을 주장했던 점, 그리고 자신이 부체찰사로 임명되지 않자 왕 앞에서 현저하게 불쾌한 기색을 나타냈다는 점 등이었다. 이외에도 허견의 옥사가 완전히 마무리된 5월까지 종친 세력과 연결된 100여 명 이상의 남인이 갖가지 죄목으로 처벌되었다.

허견의 옥사는 역모 사실을 사전에 안 김석주 등이 미리 짜놓은 사건이라 할 수 있으며, 7일 전에 있던 경신환국과도 직접 연결되는 사건이었다. 말하자면 경신환국과 허견의 옥사는 현종 말년에 남인과 손잡고 예론을 들먹여 서인을 제거했던 김석주가 이번에는 반대로 외척 세력을 견제하던 남인을 치밀한 계획으로 제거한 것이다. 숙종은 양사의 반대에도 불구하고 김석주·김만기 등을 공신으로 책봉했다.

이이와 성혼의 문묘종사

1681년(숙종 7) 9월, 이이와 성혼이 문묘에 종사되었다. 문묘종사는 기본적으로 출처관(出處觀)과 학문에 대한 평가로 결정된다. 그러나 문묘종사는 학파는 물론이고 정파를 떠나서는 생각할 수 없는 문제였다. 조선 전기부터 문묘종사를 둘러싼 찬반 논란은 끊임없이 있었다. 그러면서 사림 5현의 종사가 40년 만에 이루어졌고, 이이와 성혼의 종사도 4대에 걸쳐 58년이라는 시간이 걸렸다.

인조반정의 주역은 대부분 이이·성혼·이항복·김장생의 문인이었다. 이들 4인은 학문적으로는 기호학파의 거장이고, 정파로는 서인이었다. 특히 율곡 이이와 우계 성혼은 기호학파의 종사(宗師: 존경하는 스승)로서 서인의 절대적인 추앙을 받았다. 서인은 사림 정치의 속성상 집권의 정당성을 확보하기 위해 노력했다. 특히 이들은 집권의 정당성을 학문적인 정통성 확보를 통해 획득하고자 했다. 그러기 위해서는 서인 학맥의 원천인 이이와 성혼을 문묘에 종사시켜야 했다.

남인도 자신들의 정치적인 열세를 학문적인 정통성으로 극복하고자 했다. 따라서 이들은 당연히 이이와 성혼의 문묘종사를 반대했다. 그리하여 이 문제는 서남 간 정치 대결 구도를 넘어 기호 사림과 영남 사림의 학문적인 대립으로 발전했다.

이이와 성혼의 문묘종사가 최초로 거론된 것은 1623년(인조 1) 4월이었다. 특진관 유순익(柳舜翼)이 경연에서 이이의 문묘종사를 요청했으며, 이민구(李敏求)·유백증(兪伯曾)·이경여(李敬輿) 등이 적극적으로 동조했다.

그러나 인조는 신중론을 펼치며 단호히 거절했다. 이때 이이의 문묘종사만 논의된 것은 성혼이 아직 신원되지 않았기 때문이다. 그러나 성혼 문인이 반정공신의 절반을 차지하는 상황에서 성혼의 문묘종사가 거론되지 않을 수 없었다. 이에 김장생학파의 차기 영수인 김집이 성혼의 문묘종사를 지지함으로써 이이·성혼의 종사 논의는 서인의 당론으로 정해졌다. 그러나 이괄의 난(1624)과 정묘호란(1627)의 여파로 종사 논의는 한동안 잠잠했다.

이이와 성혼의 종사 논의를 둘러싼 서남 간 대립은 1635년(인조 13) 서인계 유생 송시형(宋時瑩)의 「종사소」와 남인계 유생 채진후(蔡振後)의 「반대소」로 본격화되었다. 송시형은 송시열의 사촌형이었고, 「상소」의 배후 조종자는 김집이었다. 그런데 인조는 송시형의 「상소」에 대해 "율곡과 우계는 착한 사람이라고 할 수는 있지만, 도덕이 높지 않고 흠이 있어 비방이 따른다"는 말로 거부의 뜻을 밝혔다. 그리고 이이의 '입산수도(入山修道: 중이 되어 불도를 닦는 일)', 성혼의 기축옥사와 임진왜란 당시의 허물을 들어 종사를 반대한 채진후의 「상소」를 두둔했다. 이러한 인조의 태도는 서인을 자극했다. 영의정 윤방(尹昉), 좌의정 오윤겸(吳允謙), 우의정 김상용(金尙容) 등 삼정승이 이이와 성혼을 변호하고, 대간에서는 채진후의 처벌을 주장했다.

이처럼 논의가 한층 가열되었지만 인조는 끝내 자신의 뜻을 번복하지 않았다. 다만 채진후 등 남인 유생들은 서인의 대대적인 공격을 받고 성균관에서 축출되거나 정거(停擧: 과거 응시를 못 하도록 함)되었다. 이후에도 황해도·경기도·전라도 유생들이 중심이 되어 수십 차례에 걸쳐 종사를 요청했으나, 인조의 완강한 반대 의지를 돌리지는 못했다.

이처럼 인조의 치세 27년 동안 뜻을 이루지 못한 서인은 효종의 즉위를 계기로 종사 운동을 대대적으로 추진했다. 1649년(효종 즉위년) 11월, 태학생 홍위(洪瑋) 등 수백 명이 「연명소(聯名疏: 이름을 함께 적어 올린 상소)」를 올렸다. 그러나 효종은 신중론으로 일관했다.

그런데 홍위의 「상소」는 실로 엄청난 여파를 초래했다. 유직(柳稷) 등 950여 명이 연명한 「우율승무반대소(牛栗陞廡反對疏)」가 올라온 것이다. 이는 서인 측의 종사 운동에 대한 즉각적인 반발이었다. 안동 사림은 도내 10읍에 통문을 돌려 「반대소」를 위한 모임을 개최하고 유직을 「상소」의 대표자로 추대했다. 「상소」는 거도(擧道: 도 전체)적인 차원에서 추진되어, 영남의 72읍이 대대적으로 궐기했다. 이는 전대에 유례없는 이른바 「천인소(千人疏)」의 출현이었다. 「상소」를 바치기 위해 상경한 유생만도 150명을 넘어 조야에 적지 않은 파문을 일으켰다.

이에 서남 간 정쟁은 격화되었고, 유생들 사이에서 보복 행위가 난무했다. 결국 효종 대에도 서남 간 치열한 공방전만 되풀이되었을 뿐, 종사 논의는 별다른 성과를 거두지 못했다. 이는 서인이 강행하고, 남인이 반대하며, 국왕이 견제하는 인조 이래의 삼각 구도가 효종 대에도 그대로 유지되었음을 의미한다.

현종 초에는 서인이 기해예송을 승리로 이끌면서 집권 기반을 더욱 강화하고 있었다. 따라서 이이와 성혼의 종사를 위한 환경도 한층 무르익었다. 서인은 지방 유생들이 상소해 분위기를 조성하면 송준길 등이 조정에서 강청하는 방식을 통해 현종을 압박했다. 그러나 현종도 호락호락하지만은 않았다. 신중론을 핑계 삼아 서인의 압박을 교묘하게 피해갔다. 남인의 반대 또한 만만치 않았다. 남중유(南重維) 등이 유생들의 「상소」를 배후에서 주도했고, 홍우원 등은 조정에서 서인에 대항했다. 한편 이러한 공방전을 거치며 남인의 결속은 한층 강화되었다.

현종 재위 15년 동안 8도 유생들이 수십 차례에 걸쳐 「문묘종사소」를 올렸다. 또한 송시열·송준길 등이 강력하게 건의했다. 그래도 끝내 종사는 허락되지 않았다. 표면적인 이유는 유림의 논의가 모아지지 않았다는 데 있었다. 그러나 현종이 문묘종사를 허락하지 않은 본질적인 의도는 서인의 비대화를 막는 데 있었다.

1674년(현종 15), 갑인예송의 결과로 50년 만에 서남 간 정권 교체가 이루어졌다. 이어진 숙종 초반의 남인 집권기에는 종사 논의가 일어날 수 없었다. 그러다 1680년(숙종 6) 경신환국으로 남인이 축출되고 서인이 집권하면서, 이이와 성혼의 문묘종사가 다시 거론되었다. 경신환국은 당쟁이 시작된 이래 가장 철저한 정치 보복이 단행된 사건이었다. 남인은 거의 초토화되다시피 했고, 종래의 견제 기능도 거의 무력화되었다. 서인은 재집권의 분위기에 편승해 이이와 성혼의 종사를 의욕적으로 추진했다. 숙종 또한 환국의 명분을 살리기 위해 서인의 요청에 따를 수밖에 없었다.

1681년(숙종 7) 9월에 성균관과 8도의 유생 500여 명이 상소해 종사를 건의하자, 숙종은 마침내 대신들에게 이 문제를 상의하라고 명했다. 이는 곧 수락하겠다는 뜻이었다. 김수항

·김수홍·정지화·민유중 등이 적극 찬성했다. 남인의 저항력이 상실되고 국왕의 견제 기능이 약화된 상황에서 이이와 성혼의 문묘종사는 일사천리로 진행되었다. 결국 4대 58년간의 논쟁이 막을 내리게 되었다.

그러나 모두 완결된 것은 아니었다. 1689년(숙종 15)에 일어난 기사환국으로 이이와 성혼의 위판은 땅에 묻히고 말았다. 정권이 교체되기 무섭게 이이와 성혼의 위패가 문묘에서 치워진 것이다. 이처럼 출향되었던 이이와 성혼의 위패가 문묘에 다시 온전하게 봉안된 것은 1695년(숙종 20) 갑술환국 이후의 일이었다.

병권 강화와 오군영 확립

숙종은 격화된 서남 당쟁을 이용해 강력한 왕권을 유지했다. 또한 강력한 왕권을 유지하는 데는 병권의 장악도 한몫했다. 조선 후기의 중앙 군사 제도는 오군영 체제가 핵심이었다. 숙종은 기존에 설치된 훈련도감·어영청·총융청·수어청에 금위영을 더해 오군영 체제를 확립했다. 오군영은 수도와 외곽의 방어를 담당했다.

그런데 훈련도감을 제외한 어영청·총융청·수어청 등은 인조반정에 참여했던 서인 공신들이 자신들의 사병을 국왕 호위의 임무를 띤 수도 방어 병력으로 전환하는 과정에서 창설되었다. 이때 남인은 철저히 배제되었다. 병권 장악은 권력 장악을 의미했다. 그러다 현종 말에 이르러 남인 유혁연이 훈련대장에 임명되자 남인도 병권 경쟁에 뛰어들게 되었다. 그리고 이들은 서인이 발족한 정초청에 반발해 훈련별대를 창설했다.

숙종의 즉위와 함께 집권한 남인은 병권을 장악하기 위해 노력했고, 결국 훈련도감과 어영청을 장악하는 데는 성공했다. 그러나 총융청과 수어청의 병권은 여전히 서인에게 있었다. 이에 남인은 효종 때 전란에 대비하고 북벌을 추진하기 위해 설치되었다가 현종 때 폐지된 도체찰사부를 복설했다.

사실 숙종은 어느 한 당파에 병권이 집중되는 것을 원치 않았다. 그래서 도체찰사부의 복설을 허가하면서도 부체찰사 자리에 서인 외척 김석주를 앉혔다. 김석주는 수어사를 겸하고 있었다. 숙종은 병권을 외척에게 위임하면서 어느 당파에도 흔들리지 않는 세력 균형을 유지했던 것이다.

한편 1680년(숙종 6)에 일어난 경신환국으로 서인이 재집권하면서 중앙 군영의 대장은 남인에서 서인으로 모두 교체되었다. 또한 김석주의 군사 권한은 더욱 강화되었다. 김석주는 1682년(숙종 8)에 병조판서로 있으면서 금위영 창설을 주도했다. 금위영은 훈련도감·훈련별대·정초청의 병력 일부를 흡수해 궁성 숙위의 임무를 맡게 되었다. 금위영의 설치로 조선 후기의 오군영 체제가 확립되었고, 숙종은 든든한 병권을 바탕으로 왕권을 더욱 강화할 수 있었다.

회니시비와 노소 분당

경신환국으로 정권을 잡은 서인은 훈척들에 대한 이해관계, 태조 존호가상 등 일련의 문제를 둘러싸고 노론과 소론으로 점차 갈라서기 시작했다. 그런데 노론과 소론의 분당이 돌이킬 수 없게 된 데는 또 다른 원인이 있었다. 바로 송시열과 윤선거·윤증(尹拯) 부자간의 이른바 '회니시비(懷尼是非)'였다.

병자호란 당시 가족과 함께 강화도로 들어간 윤선거는 권순장(權順長)·김익겸(金益兼)과 함께 의병을 일으켜 목숨을 걸고 싸울 것을 다짐했다. 그러나 의병을 일으키기도 전에 강화성이 함락되자 권순장과 김익겸은 김상용을 따라 자결했다. 윤선거의 아내 또한 절의를 지켜 스스로 목숨을 끊었다. 그러나 윤선거는 남겨진 자식과 남한산성에 있는 아버지 때문에 차마 죽지 못했다. 이를 부끄럽게 여긴 윤선거는 전란이 끝난 후에도 출사하지 않고 고향에 칩거하며 학문에만 열중했다.

그러던 중 윤선거는 윤휴에 대한 평가를 두고 송시열과 논쟁을 벌이게 되었다. 평소 송시열은 윤휴가 "총명하고 민첩하나 항상 퇴계·율곡·우계 등 제현의 단점을 말하기 좋아하고 주자를 기탄없이 배척했으니, 이는 사문(斯文)의 난적(亂賊)이요, 이단 중에서도 심한 자"라면서 배척했다. 그런데 윤선거는 송시열의 의견에 동조하지 않았다. 오히려 윤휴의 고명한 학문을 극구 칭찬했다.

이렇게 시작된 송시열과 윤선거의 논쟁은 날이 갈수록 치열해졌다. 송시열은 윤선거에게 "주자가 옳은가, 윤휴가 옳은가. 또 주자가 그른가, 윤휴가 그른가"라고 흑백 논리로 선택을 강요했다. 이에 윤선거는 "흑백으로 논하면 윤휴는 흑이고, 음양으로 논하면 윤휴는 음이다"라고 대답했다. 이 말에 송시열은 비로소 안도의 한숨을 내쉬었다. 그러나 윤선거의 입장에서 이것은 어디까지나 윤휴의 학설에 한정된 평가였지, 윤휴의 인품을 두고 한 말이 아니었다. 다만 송시열과의 관계를 원만하게 하기 위해 그렇게 대답한 것이었다.

윤선거의 아들 윤증은 이러한 사연을 잘 알고 있었다. 그러나 부자간의 인륜 때문에 스승인 송시열에 대한 은의를 저버릴 수 없어 자중하며 제자로서의 도리를 다했다. 그러던 차에 1669년(현종 10)에 윤선거가 죽었다. 이때 윤휴가 윤선거의 「제문」을 지었는데 윤증이 이를 사양하지 않고 받았다. 송시열은 이를 못마땅하게 여겼다.

그러한 사정을 미처 헤아리지 못한 윤증은 박세채(朴世采)

가 지은 「행장」과 자신이 만든 「연보」를 송시열에게 가지고 가서 아버지의 「묘비명」을 부탁했다. 그러면서 윤증은 아버지가 생전에 송시열에게 보내려고 써두었던 편지 한 통을 묘비 찬술에 도움이 될까 싶어서 함께 보였다. "윤휴와 허목 등은 본시 사류이므로 잘못이 있다 하더라도 너무 내치지 말고 차차 등용해 쓰는 것이 인심을 얻는 일이다"라는 내용의 편지였다. 이를 본 송시열은 평소 윤선거가 윤휴의 당이라고 의심했던 것이 사실로 판명되었다고 생각했다. 그러니 송시열은 윤선거의 비명을 찬술하고 싶지 않았다. 결국 "박세채가 쓴 「행장」을 따라 쓸 뿐 새로이 짓지는 않는다"는 내용의 불성실한 「비명」을 찬술해 보냈다.

윤증은 송시열에게 「비문」 개찬을 여러 번 간청했다. 그러나 송시열은 그때마다 마지못해 자구만 수정하는 정도에 그쳤을 뿐이다. 그리고 한발 더 나아가 송시열은 윤선거가 강화도에서 죽어야 할 의리가 있었는데도 비굴하게 죽지 않았다고 비난하기 시작했다. 윤증도 더 이상 참을 수 없는 지경에 이르렀다. 「묘비명」 사건 이후에도 사제지간의 예를 다하려고 노력했지만, 이제 송시열에 대한 분노는 사제간의 의리를 갈라놓을 정도가 되었다.

1681년(숙종 7), 송시열과 윤증의 갈등은 돌이킬 수 없는 길로 들어섰다. 바로 「신유의서(辛酉擬書)」 때문이었다. 「신유의서」는 윤증이 당시 사류들의 원성을 사고 있던 송시열의 처신에 대해 비판조의 논설을 쓴 편지였다. 이 글에서 윤증은 송시열이 지나치게 윤휴와 남인을 몰아붙여 정치적 실효는 하나도 거두지 못한 채 당쟁만 격화시켰다고 했다. 또한 송시열이 평생을 바쳐 주창한 대의도 실효가 없다고 했으며, 심지어 송시열의 편벽된 기질까지 논박했다.

편지를 본 박세채는 파문이 일 것을 예상해 보내지 말도록 극구 만류했다. 그러나 박세채의 사위이자 송시열의 손자인 송순석(宋淳錫)이 몰래 그 편지를 베껴다가 송시열에게 보였다. 편지의 사본을 본 송시열은 "윤증이 반드시 나를 죽이려 한다"며 크게 화를 냈다.

「신유의서」로 더욱 격화된 송시열과 윤증 간의 시비는 급기야 조정의 논란거리로 떠올랐다. 몇 해가 지나도록 상호 공방전은 그칠 줄을 몰랐다. 그렇게 송시열을 지지하는 노론과 윤증을 지지하는 소론의 당쟁은 더욱 심화되었다.

기사환국

숙종은 나이가 30세가 가까워질 때까지 후사가 없었다. 첫째 부인인 인경왕후가 왕자를 낳지 못한 채 죽은 후 계비(인현왕후)를 맞아들였다. 그러나 인현왕후에게서도 5년이 넘도록 후사가 없었다. 이때 숙종은 궁녀 출신인 장 씨에게 마음을 뺏겨버린 상태였다.

장 씨는 나인으로 뽑혀 궁중에 처음 발을 들여놓았다. 그녀가 남다른 자태로 숙종의 시선을 끌기 시작한 것은 1680년(숙종 6) 인경왕후가 죽은 다음부터였다. 숙종과 장 씨의 관계를 눈치챈 대비 명성왕후는 장 씨의 유혹이 장차 국가에 화를 불러일으킬 것이라고 염려해 장 씨를 궁중에서 쫓아냈다. 그런데 명성왕후가 죽은 뒤 장 씨는 중전인 인현왕후의 주선으로 다시 궁중에 들어와 숙종과 재회했다. 헤어졌던 날들을 보상이라도 하듯 장 씨에 대한 숙종의 총애는 날로 더해 갔다. 그런 만큼 장 씨의 교만 또한 커졌다.

이 무렵 부교리 이징명(李徵明)이 장 씨를 내쫓아야 한다는 내용의 「상소」를 올렸다. 이징명의 「상소」는 단순히 숙종이 장 씨를 총애하는 문제만을 걱정해서 나온 것이 아니었다. 그보다는 장 씨를 통한 남인의 등장을 우려했다. 장 씨는 경신환국 때 피해를 입은 남인이 지지하고 있었다. 남인이 조정에 등용되면 당시 피해를 입은 자가 가해자에게 보복을 가할 우려가 있었다. 이징명은 이러한 후환을 미연에 방지하기 위한 최선의 방책은 장 씨를 추방하는 길뿐이라고 여겼다. 그러나 숙종은 이징명을 파직했고, 보란 듯이 장 씨를 내명부 종4품인 숙원에 봉했다.

1688년(숙종 14) 10월 27일, 장 씨가 왕자 윤(昀: 훗날 경종)을 낳았다. 숙종이 왕위에 오른 지 15년 만에 보는 첫아들이었다. 숙종은 왕자가 출생한 지 채 석 달도 안 되어 왕자의 명호에 관해 구언했다. 비록 후궁의 소생이지만 일단 명호를 정하면 원자가 된다. 따라서 이후에는 설사 왕비가 왕자를 낳더라도 그와 상관없이 명호를 정한 후궁 소생 왕자가 세자에 책봉된다. 이렇듯 명호는 대계를 결정하는 중요한 사안이므로 신중할 필요가 있었다.

그러나 숙종은 "국본을 정하기 위해 새로 태어난 왕자에게 원자로서 명호를 정해주려는데, 만약 선뜻 결단하지 않고 머뭇거리며 관망만 하고 감히 이의를 제기하는 자가 있다면 벼슬을 바치고 물러가라"며 신하들을 재촉했다. 이에 김수항을 비롯한 대신들이 한목소리로 "중궁이 춘추가 지금 한창이시고 다른 날의 일을 알 수 없으니, 몇 년을 기다렸다가 다시 의논하시라"고 주청했다. 그러나 숙종은 "세자가 정해지지 않으면 민심이 안정되지 못한다"는 이유로 대신들의 논의를 일축했다.

그렇게 논의가 나온 지 하루 만에 숙종의 자의로 대계가 정해졌으며, 이로부터 5일 후 원자의 정호를 종묘사직에 고했다. 그리고 가장 강력하게 반대한 남용익(南龍翼)은 중죄로 다스려졌다. 숙종이 서인의 반대를 제압하고 장 씨 소생의 왕자를 원자로 정한 것은 왕권을 과시하는 사건인 동시에 서인의 정치 생명에 적신호가 왔음을 의미했다.

그런데 이때 명호를 정한 것이 너무 성급한 조처였다고 주장하는 송시열의 「상소」가 올라왔다. 정국의 변동을 도모하던 숙종에게 송시열의 「상소」는 기막힌 빌미였다. 숙종은 송시열을 삭탈관작하고 성문 밖으로 내쳤다. 이것을 신호탄으로 서인 정권은 남인 정권으로 다시 바뀌게 되었다. 이를 '기사환국'이라고 한다.

기사환국으로 남인이 다시 정권을 잡으면서 거의 1년에 걸쳐 전·현직 관료와 재야 유림을 막론하고 100여 명 이상의 서인이 처벌되었다. 그리고 윤휴를 비롯해 경신환국에서 화를 당했던 많은 사람이 신원되었다.

또한 기사환국이 시작되고 4개월 만에 인현왕후가 폐출되었다. 장 씨에 대한 숙종의 총애가 인현왕후에 대한 감정 악화로 이어진 탓도 있었지만, 인현왕후의 아버지 민유중과 그의 형 민정중(閔鼎重)이 서인의 거물이라는 점도 크게 작용했다. 숙종이 '투기죄'를 이유로 인현왕후의 폐출을 명하자 서인은 물론이고 남인도 모두 반대했다. 그러나 왕은 막무가내였다. 신료들이 더 이상 반대를 못하도록 폐비를 반대하는 「상소」를 올린 오두인·박태보(朴泰輔)를 국문 끝에 죽이기까지 했다. 이제 어느 누구도 숙종의 독선을 막을 수는 없었다.

한편 서인의 거두 송시열은 제주도에 위리안치되었다. 그러나 이에 만족할 수 없었던 남인은 대간과 삼사를 통해 연일 계속해서 송시열을 극형에 처하라고 요청했다. 마침내 숙종은 송시열을 죽이라고 명했다. 송시열은 명을 받고 제주도를 떠나 정읍에 이르러 금부도사가 가져온 사약을 받고 죽었다. 조선 후기를 통틀어 가장 강력한 권위를 행사했던 사림 송시열의 시대는 그렇게 막을 내렸다.

갑술환국

기사환국이 일어나고 5년이 지난 1694년(숙종 20) 3월, 노론 명문가의 자제들이 폐비의 복위를 도모한 혐의로 체포되었다. 광성부원군 김만기의 적장손 김춘택(金春澤), 승지 한구(韓構)의 아들 한중혁(韓重爀), 그리고 유명일(兪命一)의 아들 유복기(柳復起) 등은 비밀자금을 모으고 궁중의 환관·궁녀와 내통해 폐비의 복위를 꾀하려 했다. 이 사건은 이들의 일당이었던 함이완(咸以完)의 고변으로 전모가 드러나게 되었다.

우의정 민암이 이 사건의 심리를 담당했다. 그는 옥사를 될 수 있는 한 크게 확대해 노론을 일망타진할 심산이었다. 사실 노론은 기사환국으로 실세한 이후부터 인현왕후의 복위를 위해 갖가지 방법으로 여론을 환기시키고 있었다. 유언비어 유포나 '미나리와 장다리' 같은 동요 전파, 『사씨남정기』 같은 소설 보급 등은 숙종의 마음을 돌리기 위한 노력이었다.

30대 중반으로 접어든 숙종은 이미 기사환국 이전의 어린 왕이 아니었다. 그는 비견할 데 없는 강력한 왕권과 노련한 정치 수완으로, 남인이든 서인이든 언제든지 한쪽을 취사선택할 수 있는 입장이었다. 조급하면서도 희로(喜怒)가 정도에 지나친 왕이었기에 남인은 비록 지금은 집권당 행세를 하고 있지만 언제 또다시 축출될지 모른다는 생각에 늘 노심초사했다. 올곧은 말을 하기보다는 오히려 침묵을 지키는 것이 정치 생명을 연장하는 데 유리할 정도였다.

이 무렵 무수리 출신의 후궁 최 씨가 왕의 총애를 받기 시작했다. 훗날 영조의 생모가 될 최 씨는 인현왕후의 추종자였다. 최 씨는 숙종의 유모와 친밀했는데, 이 유모가 바로 김만기 집안의 사람이었다. 당시 김만기의 손자 김춘택과 그 일당은 막대한 은을 모아 환관과 궁녀에게 뇌물로 주고 궁중과 통하는 길을 열었다. 또한 최 씨를 통해 왕을 움직여보려고도 했다. 희빈 장 씨의 오빠인 장희재(張希載)의 아내를 이용해 남인의 동태를 염탐하기도 했다. 또 기사환국 때 죽은 김도연(金道淵: 김석주의 아들)의 장모인 숙정공주, 희빈 장 씨를 미워해 한때 궁중에서 내쫓긴 명성왕후의 딸 명안공주 일가와도 긴밀한 관계를 유지했다.

이러한 모의가 같은 일당이던 함이완의 고변으로 모두 물거품이 되었다. 우의정 민암은 목숨만은 보장해준다는 조건으로 함이완에게 고변토록 했다. 옥사는 크게 확대되어 많은 서인이 연루되었다. 국문을 통해 남인 정권을 몰락시키고 서인의 재집권을 꾀해 폐비 민 씨를 복위시키려는 환국의 음모가 밝혀졌다. 그리고 그 중심에는 노론의 김춘택과 소론의 한중혁이 있었다.

그런데 3월 29일, 서인 김인(金寅)의 역 고변이 있었다. 이때 숙원 최 씨에 대한 독살설이 불거지자 숙종은 심경의 변화를 일으키기 시작했다. 숙종의 총애를 받던 숙원 최 씨는 왕비 장 씨에게 목숨을 부지하기 힘들 만큼 온갖 고초를 겪고 있었다. 장 씨 자신도 후궁으로 있다가 세자를 낳아 왕비로 승격된 경우였다. 장 씨와 집권 남인이 최 씨에 대한 숙종의 총애와 그녀의 임신에 늘 촉각을 곤두세우고 있음은 당연했다. 만약 최 씨가 왕자를 낳기라도 한다면, 장 씨와 그 편당에게는 큰 타격이 될 수밖에 없었다.

독살 계획이 사실이든 아니든 숙종은 최 씨를 총애한 만큼 김인의 고변 내용에 경악하지 않을 수 없었다. 더욱이 숙종은 지난 몇 년 동안 차츰 왕비 장 씨와 그 편당, 그리고 서인을 필요 이상으로 제거하고자 했던 남인에게 염증을 느끼고 있었다. 또 인현왕후를 폐위시킨 일도 내심 후회하고 있었다. 결국 숙종의 심경은 김인의 고변 사건을 계기로 완전히 돌아서고야 말았다.

4월 1일 밤, 숙종은 갑자기 비망기를 내려 "군부를 우롱하고 진신을 어육으로 만들었다"며 우의정 민암을 질책했다. 이어 남인을 축출하고 기사환국으로 몰락했던 서인을 다시 등용하는 갑술환국을 단행했다.

환국을 단행한 그날로 영의정 권대운, 좌의정 목내선, 우의정 민암 등 남인이 물러나고, 영의정에 남구만, 훈련대장에 신여철, 병조판서에 서문중(徐文重), 이조판서에 유상운(柳尙運) 등 서인이 대거 기용되었다. 모두 하룻밤 사이에 결정된 일이었다. 이후 며칠 동안 서인이 계속 등용되었다. 이미 고인이 된 김수흥·김수항 등도 관직이 회복되었다. 서인의 정신적 지주 송시열 또한 복관되었다. 기사환국으로 위판이 땅에 묻혔던 이이와 성혼도 다시 문묘에 배향되었다.

이 모든 일이 숙종의 지휘에 따라 일사천리로 진행되었다. 이와 함께 숙종은 폐비 민 씨의 일을 거론하는 자는 역률로 다스리겠다고 못을 박았다. 집권 서인이 이를 빌미로 전권을 휘두르지 못하도록 하기 위해서였다.

남인은 기사환국 때보다 훨씬 많은 수가 처벌되었다. 이제 남인은 정치적으로 완전히 몰락해 두 번 다시 정국의 주도권을 잡지 못하게 되었다. 뿐만 아니라 관계로 진출하는 길마저 거의 봉쇄당했다.

한편 숙종은 폐비 문제를 거론하면 역률로 논하겠다는 명령을 며칠 후 철회했다. 민 씨의 복위를 위한 포석이었다. 희빈 장 씨가 남인의 정치 흥망과 운명을 같이했듯이, 서인이 다시 정권을 잡은 이상 민 씨의 복위는 당연한 귀결이었다.

기사환국과 갑술환국은 서남 간 정권 교체를 가져온 대표적인 정변이었다. 그런데 이 두 사건에는 한 가지 공통점이 있었다. 바로 왕비 교체였다. 또한 이 사건에는 숙종의 차기 승계자인 경종의 운명도 함께했다. 갑술환국으로 세자의 절대적인 후원 세력인 남인과 희빈 장 씨가 몰락했다. 이들의 몰락으로 세자의 지위마저 불안해졌다. 이때 남구만을 비롯한 소론 세력은 장 씨 남매와 세자의 보호를 자임하고 나섰다. 이제 정국은 장 씨 남매의 처벌과 세자 보호를 둘러싸고 노론과 소론이 정면 대결하는 구도로 바뀌었다.

그러나 이미 숙종의 마음은 희빈 장 씨에게서 완전히 떠나 있었고, 숙종과 인현왕후에 대한 희빈 장 씨의 원한도 깊어갔다. 그러던 중 1701년(숙종 27) 8월, 17개월 동안 원인 모를 병마에 시달리던 인현왕후가 죽었다. 인현왕후의 죽음으로 왕비의 자리가 비자, 남인은 다시 술렁이기 시작했다. 이들은 비어 있는 왕비 자리에 장 씨를 복위시켜 실세를 만회하려고 했다.

그런데 인현왕후의 장례 절차가 거행되는 와중에 숙빈 최 씨가 인현왕후의 죽음이 희빈 장 씨의 저주 때문이라고 숙종에게 고했다. 격분한 숙종은 장희재를 처형하고, 희빈 장 씨를 자진하게 하라는 비망기를 내렸다. 대신들은 세자를 위해서라도 최소한 희빈의 사사만은 막으려고 했다. 그러나 숙종은 장 씨에 대한 지금의 처분은 오직 세자를 위한 것이라며 일축했다.

숙종의 태도는 단호했다. 희빈의 죄상 규명을 위해 연일 몸소 국문을 주관한 끝에 희빈 장 씨의 자진과 장희재의 처형이 이루어졌다. 그 일이 있은 직후 소론 남구만과 유상운은 노론으로부터 후궁의 당이라는 비난을 받으며 파직되었다.

병신처분

1714년(숙종 40) 1월, 윤증이 죽었다. 숙종은 단 한 번도 대면한 적이 없는 윤증의 영전에 애도시 한 편을 올렸다. 소론의 정신적인 지주라는 위상에 걸맞은 예우였다. 구절구절마다 존경과 그리움이 짙게 배어 있었다. 또한 윤증의 「제문」은 문인 최석정(崔錫鼎)이 지었다. 그런데 「제문」의 글귀 중에 "송시열의 북벌론은 허명을 훔친 것이다"라고 한 부분이 잠복기에 있던 회니시비를 다시금 부추겼다. 이에 송시열의 수제자 권상하(權尙夏)를 위시한 각 도의 유생 수백 명이 항의 농성에 들어갔다. 이들은 입을 모아 송시열의 무고를 극력 호소했다. 이에 질세라 소론도 윤증 부자를 변론하고 나섰다. 이렇듯 송시열과 윤증의 사후에도 회니시비는 계속되고 있었다.

사태는 예상만큼 크게 번지지 않았다. 숙종이 「제문」은 개인 문서에 불과하기 때문에 문제 삼을 것이 없다며 무마시켰기 때문이다. 한동안 노소 간 설전은 잠잠한 듯싶었다. 그러나 이들의 시비는 이듬해에 예기치 못한 문제로 다시금 불거졌다. 『가례원류(家禮源流)』 파문 때문이었다.

『가례원류』란 주자의 『가례』에 조목을 나누고 여기에 『예기』 『의례』 등의 고전과 함께 중국과 조선에 있는 여러 유현의 예설을 망라해 분류한 책이었다. 이 책은 당초 윤증의 아버지 윤선거와 유계가 공동으로 편찬하기 시작했다. 그런데 얼마 후 유계가 조정의 부름을 받고 무안군수로 나가게 되었다. 집필할 시간이 절대적으로 부족하자, 유계는 초본을 윤증에게 부탁했다. 유계가 죽은 후 초본은 그대로 윤증의 집에 보관되었다.

그러던 어느 날, 유계의 손자이자 윤증의 문인인 유상기(兪相基)가 『가례원류』를 간행하고자 했다. 그는 당시 좌의정 이이명에게 간행을 청탁해 숙종의 재가를 받았다. 윤증에게는 한마디 상의도 없이 이루어진 일이었다. 유상기는 그 책을 자신의 조부가 혼자 편찬한 것으로 여기고 있었다.

유상기는 곧바로 윤증을 찾아가 원고를 넘겨달라고 요청했다. 그는 윤선거가 편집에 도움을 준 것은 인정하나 편찬자라고는 볼 수 없다고 했다. 그러나 윤증 측에서는 윤선거와 유계의 공동 집필이라고 주장했다. 그렇게 『가례원류』의 저작권 분쟁을 둘러싸고 상호 간에 치열한 공방전이 전개되었다. 불화가 거듭될수록 오가는 말도 더욱 거칠어졌다. 유상기는 윤증이 송시열도 모자라 유계까지 배반한다고 빈정거렸다. 또 그런 말을 한 이상 유상기도 스승인 윤증을 배반했다는 말을 들을 수밖에 없었다.

결국 윤증은 『가례원류』의 초본 원고를 유상기의 강청에 못 이겨 넘겨주고 말았다. 유상기는 이 책을 권상하의 「서문」과 정호(鄭澔)의 「발문」을 붙여 간행했다. 그런 외중에 윤증은 책의 간행을 보지도 못한 채 죽었다. 권상하는 『가례원류』 「서문」에서 윤증이 스승을 배반했다며 극도로 배척했고, 정호도 「발문」에서 유계가 적임이 아닌 사람에게 부탁해 일이 이 지경에 이르렀다며 윤증을 헐뜯었다.

유상기는 책을 간행한 뒤에 이를 숙종에게 올렸다. 그런데 책을 열람한 숙종은 오히려 정호의 파직을 명하고, 그의 「발문」을 쓰지 못하게 했다. 사림의 중망을 받았고 또 자신이 평소 존경하던 윤증을 비방했기 때문이다. 이는 숙종의 일격이었다. 노론은 연일 명의 철회를 간절하게 요청했지만 소용이 없었다. 한편 숙종의 명에 고무된 소론은 권상하도 윤증을 비방했으므로 「서문」 일체를 삭제해야 한다고 주장했다.

해결의 실마리는 좀처럼 보이지 않았다. 이때 분쟁을 예의 주시하던 숙종이 급기야 조정책을 마련했다. 즉 『가례원류』는 사가문자이므로 조정에서 거론할 바가 아니라는 입장을 취하고, 어느 누구의 언급도 일절 금지시킨 것이다. 바로 이때 숙종을 자극하는 「상소」 하나가 올라왔다. 정언 조상건(趙尙健)이 권상하를 변호하는 글에서 윤증의 배사 행위를 적나라하게 묘사했던 것이다. 격노한 숙종은 조상건을 삭탈관작했다. 뿐만 아니라 40여 년간의 은혜를 잊고 스승인 윤증을 배반했다며 유상기를 나주로 유배시켰다. 순식간에 이루어진 숙종의 결정은 외형상으로는 소론의 손을 들어준 것처럼 보였다.

그러나 숙종은 1716년(숙종 42) 2월에 판중추부사 이여(李畬)가 송시열을 옹호하고 윤증을 비방하는 「상소」를 올리자, 이번에는 "경이 우국의 심정으로 개진한 바는 의리가 명백하니, 이를 어찌 유념하지 않겠는가"라며 동조했다. 숙종의 이 한마디는 의기소침해 있던 노론을 고무시키기에 충분했다. 송시열과 윤증 중에 누구의 행위가 옳은가 하는 시비 문제는 조정을 또다시 혼란의 도가니로 몰아넣었다.

사태가 악화되자, 숙종은 새로운 처분을 강구하지 않을 수 없었다. 일단 숙종은 전과 같이 소론의 입장을 지지해 권상하와 정호·민진원(閔鎭遠)·조태채(趙泰采) 등을 파직 혹은 삭탈 관작하고 문외출송(門外黜送: 관작을 빼앗고 도성 밖으로 추방하던 형벌)했다.

그러나 숙종의 속셈은 따로 있었다. 그는 이미 이여의 「상소」를 접하면서 나름대로 복안을 가지고 있었다. 숙종은 회니시비의 빌미가 된 윤선거 「묘갈명」과 「신유의서」를 가져오라 했다. 이를 읽어본 숙종은 "「신유의서」에는 윤증이 송시열을 비난한 글이 많지만, 「묘갈명」에는 송시열이 윤선거를 욕한 내용이 없다"고 판결을 내렸다. 이는 소론에 대한 지지를 전면 부정하는 것이었다. 이를 '병신처분'이라 한다.

윤증이 죽자 절절한 애도시를 썼던 숙종의 갑작스러운 태도의 변화에 소론은 몹시 당황했다. 결국 병신처분은 송시열과 윤증의 시비를 밝히는 데 그치지 않고, 소론의 정치적인 위상과 직결되어 대대적인 인사 교체가 뒤따랐다. 『가례원류』 문제로 처벌되었던 노론의 정호·권상하·민진원이 다시 등용되고, 소론이 대거 축출되었다.

얼마 뒤에는 좌의정 김창집의 청으로 윤선거 문집 판본을 헐어 없애게 했다. 또한 윤선거 부자에게 선정이란 칭호를 사용하지 못하게 함은 물론, 유현으로도 부르지 못하게 하고 관작마저 추탈했다. 윤증 부자에 대한 이러한 일련의 조처들은 소론의 입지와 명분에 치명적인 타격을 주었다.

이렇듯 오랜 기간을 끈 회니시비는 숙종의 예기치 못한 결단으로 노론에게 승리를 안겨주었다. 그동안 양측에서 오갔던 논란을 생각한다면 너무도 싱거운 결과였다. 병신년 숙종의 처분은 일진일퇴를 거듭하던 노론과 소론의 세력 균형에 종지부를 찍고 노론의 전제 정치를 개막하는 하나의 신호탄이 되었다.

정유독대

숙종은 갑술환국 이후 20년이 넘게 노소 대립을 예의주시했다. 그는 양자의 대립을 용의주도하게 이용하면서 어느 한편의 일방적인 독주를 용납하지 않았다. 그러다 갑자기 태도를 바꾸어 노소의 명암을 분명하게 했다.

숙종은 말년으로 접어들수록 세자에 대한 불신이 커져갔다. 갑술환국 당시만 해도 왕세자 보호에 온 힘을 기울인 숙종이었다. 그런데 장희빈이 사사된 이후 숙종은 서서히 왕세자를 멀리했다. 세자가 조금이라도 숙종의 뜻에 거스르면 번번이 "장희빈의 소생이라서 별수가 없구나"라며 큰소리로 꾸짖기까지 했다. 장희빈에 대한 증오심이 커지면 커질수록 왕세자에 대한 미움 또한 더해갔다.

하지만 세자에 대한 숙종의 태도가 바뀐 이유는 비단 장희빈 때문만은 아니었다. 숙종은 갑술환국이 일어나던 해에 숙빈 최 씨에게서 연잉군을 보았다. 또 5년 후에는 명빈 박 씨와의 사이에서 연령군을 낳았다. 연잉군과 연령군이 성장하자 숙종의 사랑이 세자에게서 이들에게로 옮겨갔던 것이다. 특히 연령군에 대한 숙종의 마음은 돈독하기 그지없었다.

숙종이 세자를 홀대하자 세자는 불안해졌다. 세자는 매사에 의욕을 잃었으며, 자신의 의견을 표하지도 못하고 늘 눈치만 봤다. 그런 모습이 숙종은 더욱 못마땅했다. 그리하여 숙종은 세자 교체마저 생각했다. 그러나 세자 보호를 당론으로 내세운 소론이 조정에 포진하고 있는 한 불가능한 일이었다. 세자 교체를 도모하려면 우선 소론부터 제거해야 했다. 소론을 제거하려면 명분이 필요했고, 숙종은 그 명분을 『가례원류』 분쟁에서 찾았던 것이다.

1717년(숙종 43) 7월 19일에 숙종은 좌의정 이이명에게 입시를 명했다. 이이명은 승지 남도규(南道揆) 등과 함께 합문 밖으로 나아갔다. 그런데 얼마 후 숙종은 이이명 혼자만 입시하라고 다시 명했다. 이에 남도규 등은 승지와 사관은 함께 입시해야 한다고 간청했으나, 이들의 입시 허락은 한참만에야 겨우 떨어졌다. 승지 등이 들어가 보니 이이명은 이미 물러나와 자기 자리에 부복하고 있었다. 이날 군신 간의 이야기는 당사자 외에는 아무도 알 수 없었다. 이를 두고 정유독대라 한다.

그러고 나서 숙종은 이이명 등 7인의 노론 대신을 불러 세
자의 대리청정 의사를 밝혔다. 평소 세자에게 반감을 품었던
노론 신하들이었던 만큼 대리청정에 반대하는 것이 자연스러
운 모습이었다. 그런데 어찌 된 일인지 이들은 한목소리로 왕
의 건강을 위해 왕세자가 대리청정 해야 한다고 비위를 맞추
었다. 또 왕세자가 이미 성장했고 총명하므로 아무 염려가 없
다면서 한술 더 떠 정성껏 보좌하겠다고 다짐까지 했다.

　　김창집이 말하기를 "춘궁(春宮: 왕세자)의 춘추가 한창 젊으시고
　　총명도 점차 진전되고 있으니, 항상 좌우에서 모시게 하면서 문
　　서를 읽히고 서정(庶政)을 결단하게 하신다면, 앞으로 국사에 크
　　게 이익이 있을 것이며, 또한 반드시 성궁(聖躬)을 조양(調養)하시
　　는 방도에도 힘 있는 바가 있게 될 것입니다. 구구한 어리석은 신
　　의 소견에는 이외에 다른 도리가 없겠습니다"하고, (중략) 이이명
　　이 말하기를 "들어가 진찰할 적에 신이 진달한 바가 있었고, 다시
　　연석(筵席)에 나아가 또 하교를 받들었으므로 지금은 다시 진달
　　할 말이 없습니다. (중략) 춘궁께 서무를 참여하여 결단하게 하신
　　다면 신 등은 각기 스스로 정성을 다하여 보좌하겠습니다"
　　　　　　　　　　　　　　　　　　『숙종실록』 60권, 숙종 43년 7월 19일

　　세자의 대리청정 하교는 그 즉시 내려졌다. 소론은 즉각 반

발했다. 숙종과 노론이 세자에게 대리청정을 시킨 후 실수하게 해 이를 빌미로 해를 끼치려는 것은 아닐까 의심했기 때문이다. 왕과 노론 재상의 독대 이후 결정된 사안이라 더욱 의심스러웠다. 이런 가운데 8월 1일부터 세자는 대리청정을 시작했다.

훗날 밝혀진 정유독대의 논의 내용을 보면, 숙종은 연잉군과 연령군을 이이명에게 부탁하고 세자를 바꾸는 일에 대비하게 했다. 결국 대리청정은 폐세자를 위한 하나의 덫에 불과했다. 당시 노론은 연령군이 21세의 나이로 요절하자 연잉군의 대권 승계를 원했다. 그러나 세자 교체는 명분에 관계되는 일이었기에 도모하기가 무척 난감했다. 또 끊임없이 소론의 견제를 받고 있는 상황이라 더욱 힘이 들었다. 이들은 명분에 어긋나지 않으면서도 연잉군을 세자로 세울 묘책을 강구했다. 바로 대리청정이었다. 대리청정에서 세자의 문제점이 드러날 경우 그를 퇴진시킬 명분이 생기기 때문이었다.

이들의 바람과 달리, 대리청정을 맡은 세자는 별로 흠잡을 데가 없었다. 소신껏 자신의 의지를 펼 수도 없었지만, 의도적으로라도 노론에게 비난의 구실을 주지 않기 위해 지나칠 정도로 신중을 기했다. 또한 소론이 숙종과 노론의 움직임에 늘 촉각을 세우고 있던 터라 노론은 세자 교체의 구실을 잡아내기가 어려웠다. 결국 세자는 숙종이 죽을 때까지 자리를 보전할 수 있었다.

숙종은 세자에게 대리청정을 맡긴 지 3년 째 되던 해인 1720년(숙종 46) 6월 8일에 깊어진 병을 회복하지 못하고 죽었다. 이때 숙종의 나이 60세였다. 결국 숙종 생전에 세자 교체는 이루어지지 않았고, 대리청정을 했던 세자가 그대로 왕위를 이어받았다.

숙종의 시호는 현의광륜예성영렬장문헌무경명원효(顯義光倫睿聖英烈章文憲武敬明元孝)이고, 능은 경기도 고양시 서오릉(西五陵)에 위치한 명릉(明陵)이다.

제20대 경종, 격화된 노소 당쟁에 희생되다

왕위에 오른 장희빈의 아들

제20대 왕 경종은 1688년(숙종 14) 10월 28일에 숙종과 희빈 장 씨의 첫째 아들로 태어났다. 이름은 윤(昀), 자는 휘서(輝瑞). 숙종은 오래 기다리던 아들이 태어나자 매우 기뻐하며 서둘러 원자에 책봉했다. 조정의 여러 대신은 왕비가 아닌 궁인의 몸에서 태어났다는 이유로 원자 책봉에 반대했으나 숙종의 의지를 꺾을 수는 없었다.

경종은 1690년(숙종 16) 3세의 나이로 세자에 올랐다. 그가 세자에 오를 수 있었던 것은 비호 세력인 남인이 집권하고 있었기 때문이다. 경종이 세자에 오르면서 인현왕후의 폐위로 공석이던 왕비의 자리는 그의 생모인 장 씨의 차지가 되었다.

그러나 1694년(숙종 20), 갑술환국으로 남인이 몰락하면서 왕비의 자리에 올랐던 장 씨도 희빈으로 다시 강등되었다. 또한 1701년(숙종 27)에 희빈 장 씨가 숙종의 뜻을 거슬러 죽게 되자 그의 아들인 경종은 세자의 지위마저 위협받게 되었다. 남인을 몰아내고 집권한 노론은 세자가 죄인의 아들이라는 이유로 공격적인 태도를 취했다. 이들은 내심 숙빈 최 씨 소생인 연잉군을 새로운 세자로 세우려 했다. 부왕 숙종마저 마음이 변해 세자를 냉대하니 불안감은 더욱 커졌다. 이 때문인지 세자는 몸도 마음도 쇠약해져만 갔다. 만약 소론이 세자의 비호 세력을 자처하지 않았다면 자리를 보전하기 어려웠을 것이다.

숙종은 병신처분을 통해 소론에 정치적인 타격을 입히더니, 이어 정유독대를 통해 노론과 결탁을 시도했다. 결탁의 결과가 세자의 대리청정이었다. 숙종이 하교를 내리자마자 노론은 마치 기다리고 있었다는 듯 세자의 대리청정을 지지하고 나섰다. 세자가 대리청정을 하면서 조금의 실수라도 한다면 그것을 빌미로 세자 교체를 주장할 속셈이었다. 그러나 이런 정치적인 꼼수에도 끝내 세자 교체는 이루어지지 않았다. 경종이 대리청정을 하는 3년 동안 딱히 흠이 될 만한 실수를 저지르지 않았던 탓이다. 결국 1720년(숙종 46) 6월에 숙종이 병으로 죽자, 경종이 왕위를 잇게 되었다. 이때 그의 나이 33세였다.

경종에게는 2명의 부인이 있었으나 자식은 없었다. 첫째 부인인 단의왕후(端懿王后: 경종 즉위 후 추봉)는 심호(沈浩)의 딸로 1696년(숙종 22) 세자빈에 책봉되었으나, 경종이 왕위에 오르기 2년 전인 1718년(숙종 44)에 죽었다. 그 뒤를 이어 세자빈에 책봉된 둘째 부인 선의왕후(宣懿王后)는 어유구(魚有龜)의 딸로, 경종의 즉위와 함께 왕비가 되었다.

세제 책봉

정유독대 후 경종은 세자 신분으로 숙종을 대신해 정국을 운영했다. 이 시기에도 노소 간 대립은 변함없었다. 그러나 이이명의 독대 이후 숙종이 노론을 두둔해 정국은 노론 편향적으로 전개되었다. 자신과는 다른 입장에 서 있던 노론이 정국을 주도하자, 경종은 숨 한번 제대로 쉬지 못하고 노론의 눈치를 살펴야 했다. 숙종이 죽고 경종이 왕위에 올랐으나, 즉위 후에도 여전히 정권은 노론이 독식하다시피 했다. 노론의 위세에 눌려 경종은 어떠한 결정도 자신의 의지대로 내릴 수 없었다.

노론은 경종이 즉위한 지 겨우 1년 만에 세제 책봉 문제를 거론하고 나섰다. 1721년(경종 1) 8월, 사간원 정언 이정소(李廷熽)는 「상소」를 올려 연잉군을 세제로 책봉하자고 건의했다. 경종에게 후사가 없다는 것이 이유였다.

그날 밤, 경종은 영의정 김창집(金昌集)과 좌의정 이건명(李健命)을 비롯해 조태채·민진원 등 13인의 대신을 불러들였다. 이 자리에 모인 신하들은 공교롭게도 모두 노론이었다. 결과는 불을 보듯 뻔했다. 이들은 단도직입적으로 국본을 정하자고 강청했다. 이건명은 "대비께서 국사가 걱정되어 억지로 미음을 든다"며 협박 아닌 협박까지 했다. 그렇게 강청하기를 수십 차례, 묵묵히 듣고 있던 경종은 마침내 세제 책봉을 허락했다. 그리고 날이 밝기 전에 대비의 「수필」까지 받았다.

당시 17세의 선의왕후는 자신과 경종 사이에서 아들을 둘 희망이 없다고 판단했다. 그래서 종친 중에서 어린아이를 입양해 후사로 정할 의사를 가지고 있었다. 어차피 아들을 낳을 가망이 없을 바에는 배다른 시동생에게 왕위를 잇게 하는 것보다 이 쪽이 훨씬 마음 편한 일이었기 때문이다. 실제로 선의왕후를 중심으로 궁중 일각에서 소현세자의 후손인 밀풍군(密豊君)의 아들 관석(觀錫: 경종의 9촌 조카)을 입양하려는 움직임이 있었다. 노론이 건저 문제를 서두른 것은 이 때문이기도 했다.

어쨌든 세제 책봉은 노론에 의해 하룻밤 사이에 감행되고 말았다. 소론은 김창집을 위시한 노론의 횡포에 경악했다. 소론 유봉휘(柳鳳輝)는 세제 책봉을 한밤중에 서둘러 처리한 이유가 노론이 국왕을 우롱하고 협박한 것이므로 죄를 밝혀야 한다고 「상소」를 올렸다. 그러나 유봉휘는 도리어 노론의 탄핵을 받아 유배당했다. 심지어 그를 구하려던 우의정 조태구(趙泰耈)까지도 탄핵당하게 되었다. 이렇듯 소론은 노론에게 열세를 면치 못하고 있었다.

노론은 이에 그치지 않고 세제 책봉 2개월 만인 1721년(경종 1) 10월, 조성복(趙聖復)의 「상소」를 계기로 세제의 대리청정을 추진하기 시작했다. 말이 대리청정이지 사실상 경종을 정치 일선에서 후퇴시키려는 기도였다. 원래 세자나 세제의 대리청정은 왕이 노쇠하거나 큰병이 있을 때 부득이하게 시행하는 것이 관례였다. 이러한 관례를 무시하고 신하가 먼저 대리청정을 강청한다는 것은 무리한 일이었다. 소론은 물론이고 권상유(權尙游) 등 일부 노론마저 조성복의 처벌을 주장했다. 그러나 경종은 기다렸다는 듯이 당일로 세제의 대리청정을 허락했다.

소식을 들은 소론 최석항(崔錫恒) 등은 눈물을 흘리며 대리청정의 명을 환수해달라고 요청했다. 성균관과 각 도의 유생들도 「상소」를 올려 환수를 요청했다. 이들의 간곡한 청 덕분

인지 경종은 다시 대리청정 명을 환수했다. 기회를 놓칠세라 소론은 조성복의 치죄와 노론에 대한 탄핵을 감행하려 했다. 노론도 자신들에게 불리하다 싶었던지 조성복의 치죄 주장에 동조했다. 그런데 경종은 3일 만에 환수했던 대리청정 명을 다시 시행토록 했다. 이번에는 노소 모두가 이를 환수하도록 극력 간했다. 세제 연잉군은 다섯 번에 걸쳐 사양하는「상소」를 올렸다.

경종의 뜻은 흔들리지 않았다. 이에 김창집·이이명·이건명·조태채 등 노론 4대신은 입장을 번복해 왕의 대리청정 명을 곧 시행하겠다고 말했다. 세제의 대리청정은 이로써 기정사실화되는 듯했다. 그런데 사태가 심각해지자 소론인 우의정 조태구가 입궐을 청했다. 당시 그는 탄핵을 받고 있는 중이어서 승정원에서는 입궐을 허락하지 않았다. 그러나 경종은 특별히 조태구의 입궐을 허락했다.

조태구의 입대(入對)에 노론들은 긴장해 그 뒤를 따라 입궐했다. 조태구는 대리청정 명을 환수하도록 극간했다. 이때 노론 대신은 또다시 말을 바꾸어 청정을 환수하라는 소론의 의견에 동조했다. 결국 대리청정은 경종의 허락 아래 무산되었다. 불과 10여 일 사이에 대리청정의 명이 수차례 번복된 것이다.

신임옥사

세제 대리청정 명이 환수되고 두 달 후인 1721년(경종 1) 12월, 소론 급진파인 김일경(金一鏡) 등 7인이 연명으로 「상소」를 올렸다. 「상소」에서 김일경은 대리청정을 제기한 조성복과 이를 강행하고자 했던 노론 4대신을 역모로 몰며 공격했다. 경종에 대한 불경·불충죄를 최대한 부각시켜 노론을 축출하고 정권을 잡으려는 시도였다.

경종은 이 「상소」가 올라온 것을 계기로 조성복과 노론 4대신을 위리안치하는 등 50~60명의 노론을 처벌했다. 이어 김일경을 이조참판에 제수하고, 같이 상소한 박필몽(朴弼夢) 등을 모두 삼사에 임명했다. 이렇듯 소론이 일시에 조정의 모든 요직을 장악했다. 이 일을 신축옥사(辛丑獄事) 또는 신축환국(辛丑換局)이라 한다.

신축옥사로 정권을 장악한 김일경 등 소론은 노론을 일망타진하기 위해 또 하나의 고변을 계획했다. 김일경이 남인 서얼 출신인 목호룡(睦虎龍)에게 사주해 고변하게 한 것이다.

1722년(경종 2) 3월 27일, 목호룡은 김창집의 손자 김성행(金省行), 이이명의 아들 이기지(李器之)와 조카 이희지(李喜之), 김춘택의 재종제 김용택(金龍澤) 등 노론 명문 자제들이 환관·궁녀와 결탁해 이른바 삼급수(三急手)로 왕을 죽이려 했다고 고변했다. 삼급수란 첫째, 대급수(大急手)로 자객을 궁중에 침투시켜 왕을 시해하는 방법이다. 둘째, 소급수(小急手)로 궁녀와 내통해 음식에 독약을 타서 독살하는 방법이다. 그리고 셋째, 평지수(平地手)로 숙종의 「전교」를 위조해 경종을 폐출시키려는 것이었다.

경종을 살해 혹은 폐출한다는 이른바 삼급수는 애매한 부분이 많았다. 연루자들 또한 심한 고문에도 승복하지 않고 그대로 죽었다. 그런데도 소론은 사건의 실상을 규명하려는 노력보다는 목호룡의 고변을 통해 사건을 확대시켜 세제 책봉과 대리청정 논란 당시 노론의 죄상을 부각시키는 데 더 중점을 두었다. 결국 자제들이 관련된 역모 사건으로 노론 4대신 모두가 죽임을 당했다.

이 밖에도 많은 노론계 인사가 죽임을 당하거나 가혹한 형벌을 받았다. 노론이 정권을 잡은 후 최대의 참변이었다. 경종의 통치력이 미약한 상태에서 옥사는 소론의 의도대로 처리되었고, 노론에 대한 보복은 그만큼 참혹했다. 이것이 임인옥사다. 또한 앞선 신축옥사와 임인옥사를 묶어 신임옥사라 한다.

8개월간이나 지속된 옥사에서 세제 연잉군의 이름이 수없이 거론되었다. 그러나 연잉군은 왕위 계승자라는 특수한 신분과 경종의 특별한 배려 덕에 무사할 수 있었다.

경종의 의문사

경종은 어머니 희빈 장 씨가 죽은 뒤부터 점점 내성적으로 변했다. 처절하고도 냉혹한 정치 현실 속에서 그는 어머니를 잃은 슬픔조차 드러낼 수 없었다. 유일한 보호자인 숙종마저도 그에게 등을 돌렸다. 누적된 근심과 두려움은 급기야 화병이라는 형태로 표출되기 시작했고, 상태는 즉위 이후에 더욱 악화되었다. 결국 경연도 오랫동안 폐지했고, 말수는 점점 줄었다. 조회 때는 침묵으로 일관하기 일쑤였고, 조정사의 찬반도 분명치 않았다. 현명한 국사의 재단은 기대할 수 없었다. 이렇듯 왕권이 마비된 상태에서 당인들의 음모와 횡포는 더욱 극심해졌다.

경종의 고단한 생은 그리 오래가지 못했다. 재위 4년째로 접어든 1724년(경종 4) 8월, 경종의 병이 위급해졌다. 수라를 들지 못하는 날이 잦아졌고, 한열(寒熱: 한기와 열이 번갈아 일어남) 증세도 심해졌다. 어의들이 온갖 약재를 써보았지만 소용이 없었다. 때로는 가슴과 배가 조이듯이 아프다고 했다. 궁중에서는 경종의 입맛을 돋우기 위해 수라상에 게장과 생감을 올렸다. 경종은 게장으로 모처럼 만에 수라를 많이 들었다. 그러나 경종은 다음 날부터 복통과 설사에 시달리다가 의식마저 잃어버리더니 5일 만에 죽고 말았다. 향년 37세였다.

세간에서는 경종이 세제가 들여보낸 게장과 생감을 지나치게 많이 먹어서 죽었다고 했다. 독살설이 제기된 것이다. 실제로 게장과 생감은 의가에서 매우 꺼리는 것이기도 했다. 경종 독살설은 영조 대에 와서도 끊임없이 제기되었고, 괘서와 흉서의 형태로 광범위하게 유포되었다. 급기야 영조는 1755년 (영조31)에 직접 경종의 승하에 대한 해명에 나서기도 했다.

경종 독살설은 신임옥사 이후 왕실 후계권을 둘러싼 노소 간 대립과 갈등의 산물이었다. 영조 즉위는 노론의 재집권을 의미했으므로 그에 대한 불만이 독살설이라는 형태로 표출된 것이다. 실제로 경종 독살설은 1728년(영조 4)에 일어난 무신란의 직·간접적인 원인이 되었다.

경종의 능은 서울시 석관동에 위치한 의릉(懿陵)이다.

제21대 영조, 탕평의 시대를 열다

노론이 택한 왕

영조는 1694년(숙종 20) 9월 13일에 숙종과 숙빈 최 씨 사이에서 태어났다. 숙종에게는 둘째 아들이고, 경종에게는 이복동생이다. 6세에 연잉군으로 봉해지고, 경종 즉위년에 왕세제에 책봉되었다. 이름은 금(昑)이고 자는 광숙(光叔)이다.

1717년(숙종 43) 7월 19일, 숙종은 정유독대를 통해 노론과 모종의 정치적 결탁을 단행했다. 숙종은 세자 교체를 염두에 두고 노론에게 연잉군과 연령군을 부탁했다. 숙종은 사실 연잉군보다는 연령군을 더 총애했으나 연령군은 숙종이 죽기 직전에 먼저 세상을 떴다. 따라서 노론의 역량은 연잉군을 숙종의 후계로 삼는 것에 집중되었다. 하지만 숙종이 죽을 때까지 세자 교체는 이루어지지 않았고 대리청정을 하던 경종이 왕위를 물려받았다.

경종 즉위와 함께 노론의 연잉군 옹립 계획도 구체화되었다. 노론은 연잉군을 세제로 책봉하라고 경종을 압박했다. 건강이 좋지 않아 후사가 없었던 경종은 연잉군의 세제 책봉을 허락했다.

연잉군을 세제로 책봉하는 데 성공한 노론은 더 나아가 세제의 대리청정을 추진하고 나섰다. 그러나 예상치 못했던 경종과 소론의 반격으로 노론은 신축년(1721년)과 임인년(1722년)에 두 번의 옥사(신임옥사)를 치러야 했다. 이것은 노론에게 큰 타격이었고, 세제인 연잉군에게도 위기였다. 소론 강경파는 연잉군에게도 불충의 죄를 물어야 한다고 몰아붙였다. 그러나 경종의 배려로 연잉군은 자리를 지킬 수 있었다.

2년 후인 1724년(경종 4) 8월 25일, 경종의 갑작스런 죽음으로 세제인 연잉군이 즉위하니 그가 제21대 왕 영조다. 그런데 경종의 죽음과 관련해 독살설이 유포되면서 영조는 즉위 초반부터 정치적인 부담을 가지고 출발하게 되었다. 독살설은 다름 아닌 영조를 겨냥하고 있었다. 영조는 이러한 혐의를 벗고 신임옥사와 관련한 충역 시비에서 자신의 정당성을 확보하고자 했다. 무엇보다 당쟁의 부담에서 벗어나는 것이 시급했다. 이것이 바로 영조가 펼친 탕평책의 핵심이었다.

영조는 6명의 부인에게서 2남 7녀의 자녀를 두었다. 정비인 서종제(徐宗悌)의 딸 정성왕후(貞聖王后)에게서는 후사가 없었다. 영조는 정성왕후가 1757년(영조 33)에 죽자 2년 뒤인 1759년(영조 35)에 김한구(金漢耉)의 딸 정순왕후(貞純王后)를 계비로 맞았다. 당시 영조의 나이는 66세였고, 정순왕후는 불과 15세였다. 정순왕후에게서도 후사가 없었다.

영조의 후궁 정빈 이 씨가 효장세자(孝章世子: 진종으로 추존)를 비롯해 1남 1녀를, 영빈 이 씨가 사도세자(장조로 추존)를 비롯해 1남 3녀를 낳았다. 영조에 이어 왕위에 오른 정조는 사도세자의 아들이지만 효장세자에게 입적되었다.

영조의 탕평 정치

숙종 때 단행된 경신환국 이후 서남의 대결과 노소의 대결이 더욱 치열하게 전개되었다. 자기와 다르면 배척하고 자기를 따르면 편드는 세태가 정국을 어지럽혔다. 이에 누구보다도 절실하게 이러한 상황을 타개해야 한다고 생각했던 박세채는 황극탕평론(皇極蕩平論)을 제시했다.

박세채는 이이의 조제보합론(調劑保合論)을 기반으로 1683년

(숙종 9)과 1688년(숙종 14), 그리고 1694년(숙종 20) 세 차례에 걸쳐 탕평론을 제기했다. 탕평이란 『서경(書經)』「상서(尙書)」편의 황극설(皇極說)에 쓰인 "무편무당 왕도탕탕 무당무편 왕도평평(無偏無黨 王道蕩蕩 無黨無偏 王道平平)"에서 따온 말이다. 이는 본래 임금의 치우치지 않는 공정한 정치를 함축적으로 표현한 말이었다. 박세채는 노론과 소론, 그리고 남인을 막론하고 각 당파 중에서 현명한 사람은 등용하고 그렇지 못한 자는 물러나게 해야 한다고 했다.

박세채는 인조반정으로 서인이 주도권을 잡은 이후로 영남에서 인재가 거의 발탁되지 못했다며 구체적으로 지적했다. 그리고 인물 본위의 정책으로 영남의 현명한 인재를 두루 포용하자고 했다. 그러나 인물의 변별과 시비 판정은 궁극적으로 왕에게 달려 있었다.

따라서 박세채는 숙종 자신이 지난날의 일을 거울삼아 공정한 마음으로 조정과 백관을 바로잡아서 편당의 풍습을 없애야 한다고 했다. 숙종도 갑술환국 이후 당론을 조정해 정국을 안정시킬 필요가 있다고 생각했기 때문에 「탕평 교서」를 반포하기에 이르렀다. 「탕평 교서」에서 숙종은 자신도 "시비에 어두워 진퇴와 출척을 올바르게 하지 못했다"고 인정하고, 조제론으로 오직 재질 있는 사람과 현명한 사람을 등용해 일진일퇴의 정국을 탕평 정국으로 전환시키겠다고 밝혔다.

박세채의 탕평론은 소론의 남구만과 최석정, 노론의 이여, 그리고 남인 정시한(丁時翰) 등의 지지 속에 점차 확산되었다. 그러나 서·남인 대립과 왕권의 정치적인 역학 관계 속에서 탕평론이 실제로 크게 고려되지는 않았다. 1695년(숙종 21)에 박세채가 사망한 이후 남구만과 최석정이 남인과 서인을 함께 등용하려 노력했었다. 하지만 전반적으로 숙종 대의 탕평은 명목상의 구호에 지나지 않았다. 병신처분으로 노소 간 대립이 격화된 이후에는 아예 거론조차 되지 않았다. 또 경종 대의 신임옥사 등 일진일퇴의 정국은 이미 탕평론 포기를 의미하는 것이었다.

박세채의 이론에 기초한 탕평이 역사적인 용어로 정착한 것은 영조 대부터였다. 이는 살육과 보복의 악순환을 되풀이하며 종국에는 왕권마저 동요시키는 붕당의 폐단을 철저하게 겪고 난 뒤였다. 영조는 1742년(영조 18) 성균관의 반수교(泮水橋)에 탕평의 원칙을 글로 적은 '탕평비(蕩平碑)'를 세웠다.

말년에 숙종은 세자에 대한 회의로 정치적인 무리수를 두었다. 병신처분을 단행해 세자의 수족을 자르고 정유독대를 통해 세자에 대한 불만을 노골적으로 표현한 것이다. 숙종의 의중을 감지한 노론이 택군을 자행하면서 새로운 정치 쟁점이 부상했다. 바로 경종과 영조에 대한 충역 시비였다. 선대에 있었던 예송과 회니시비는 학문과 이론을 매개로 한 정치 투쟁이었지만, 충역 시비는 군주에 대한 충역을 가늠하는 것으로 생사를 넘나드는 살벌한 투쟁이었다. 신임옥사를 통해 비극의 막이 열린 충역 시비는 이후 꼬리에 꼬리를 물며 조선 정치사에 처절하게 상처를 입혔다.

사실 영조는 충역 시비의 가해자인 동시에 피해자였다. 왕위에 오르기까지는 노론의 협조가 필요했지만, 즉위 이후에는 노론의 간섭이 싫었다. 노론의 강요와 압박이 가중되고 소론과 반목이 심화되자, 영조는 왕권 강화를 위해 새로운 통치 방법을 모색하지 않을 수 없었다. 당파를 일소시킬 힘이 없었던 영조는 탕평을 통해 노론과 소론을 조정하고 당쟁을 약화시키고자 했다.

1724년(경종 4) 4월, 경종이 죽고 영조가 즉위하자 모든 일이 노론에게 유리하도록 순조롭게 진행될 것만 같았다. 그러나 노론의 기대와 달리, 영조의 태도는 대단히 미온적이었다. 우선 영조는 삼정승에 이광좌(李光佐)·유봉휘·조태억(趙泰億) 등 소론을 임명했다. 그렇게 소론을 안심시키고 신임옥사로 처벌된 노론 4대신의 신원에 대해서는 거론조차 하지 않았다.

영조가 노론 4대신의 신원을 미룬 것은 왕의 존재가 당파에 함몰되어 왕권이 정쟁에 이용되는 부작용을 용인할 수 없었기 때문이다. 오히려 그는 노소 당쟁을 제어해 강력한 왕권을 확립하고자 했다. 나아가 영조는 자신이 '노론이 선택한 군주'라는 사실을 되도록이면 드러내고 싶지 않았다. 그렇다고 노론의 지원을 저버릴 수 없었고, 노론 4대신의 충절을 외면할 수도 없었다. 비록 탕평의 이름으로 노소 보합을 주창했지만 이는 한계가 있었다.

이러한 상황에서 영조는 신임옥사로 유배된 노론의 영수 민진원을 석방했다. 민진원의 석방은 노론 등용을 위한 사전 포석과도 같았다. 이에 고무된 노론은 신임옥사의 번안(飜案: 안건을 뒤집음)에 착수했다. 1724년(영조 즉위년) 11월, 유생 이의연(李義淵)의 「상소」가 신호탄이었다. 「상소」의 일차적인 목적은 김일경을 위시한 소론 급진파 제거와 노론 4대신의 신원이었지만, 궁극적인 목표는 소론의 축출이었다. 따라서 「상소」는 한 유생의 개인적인 의견이라기보다는 노론의 공론이었다. 노론은 조태구·유봉휘 등을 김일경 일파로 지목해 소론에 대한 일망타진을 계획하고 있었다. 이에 노소 공방이 치열하게 전개되었고, 힘의 균형은 서서히 노론 쪽으로 기울어졌다.

사태를 관망하던 영조는 신임옥사의 장본인인 김일경·목호룡을 처단하고 이의연을 장살(杖殺)하는 조처를 단행했다. "죄를 줘도 함께 주고 풀어줘도 함께 풀어준다"는 '양치양해(兩治兩解)'의 조처였다. 그런 다음 중립을 지키기 위해 노소의 충역 시비는 일절 간여하지 않겠다는 '시비불문(是非不問)'의 입장을 고수했다. 이것이야말로 군왕의 공정성을 보이는 것이며, 탕평의 자세라고 믿었다.

그러나 노소 모두 이에 찬동하지 않았다. 사실 시비불문은 노론보다는 소론에게 절대적으로 불리한 조처였다. 이광좌·조태억 등 소론 대신의 손으로 김일경 일파를 단죄한 것부터가 소론의 집권 명분 상실을 의미하는 것이기도 했다. 이러한 상황에서 소론의 실각은 예정된 절차와도 같았다. 소론의 불안감은 극에 달했다. 노론은 노론대로 충역 시비에서 절대적으로 유리한 위치를 점했음에도 영조가 확답을 주지 않는 것에 불만이 많았다. 이렇게 영조는 양치양해, 시비불문, 탕평수용의 기치 아래 노소 당쟁을 용의주도하게 조정했다. 소론의 불안과 노론의 불만은 알고 있었지만, 왕권을 위해서는 불가피한 선택이었다.

을사처분과 정미환국

영조는 해가 바뀌자 구체적으로 본색을 드러냈다. 영조는 그간 소론의 불만을 달래면서도 노론의 공격을 유도해 소론 급진파를 제거했다. 그런데 이제는 소론의 불안을 이용해 노론 정권을 구성하고자 했다. 1년을 유보하며 노론을 애태운 것은 '택군'의 혐의를 줄이기 위한 복안이었다.

이런 상황에서 1725년(영조 1) 정월, 승지 윤봉조(尹鳳朝)가 소론을 공격하는 「상소」를 올렸다. 정국 변동의 기회를 노리던 영조는 윤봉조의 「상소」를 계기로 무서운 결단력과 추진력으로 정국을 거침없이 개편했다. 소론의 중진들을 남김없이 축출하고, 윤봉조를 전격적으로 기용했다. 또한 정호·민진원·이관명(李觀命)을 삼정승에 임명했다. 실로 순식간에 단행된 환국이었다.

남은 과제는 신임옥사를 무옥으로 규정하고 노론 4대신을 신원하는 일이었다. 그해 3월, 정호·민진원이 이 문제를 전격적으로 거론했다. 이에 영조는 노론이 보여준 그동안의 성원에 보답하는 심정으로 신임옥사를 무옥으로 규정하고 노론 4대신의 신원을 명했다. 이것이 바로 을사처분(乙巳處分)이다.

을사처분을 통해 노론은 집권의 명분을 인정받았고, 영조는 왕권의 합법성을 확보한 셈이 되었다. 그러나 이 처분은 왕권 안정과 탕평의 구호 아래 언제라도 번복될 수 있는 가변적인 조처에 지나지 않았다. 신임옥사를 무옥으로 규정하고 노론 4대신을 신원했다고 해서 정국이 안정되고 왕권이 강화된 것은 아니었다. 도리어 을사처분에 따른 소론의 불만과 반발로 복수극이 일어날 소지가 있었다.

영조는 을사처분에 따른 정치 보복을 경계했다. 왕권이 사당의 정치 보복에 이용되는 사태를 미연에 방지하기 위해서였다. 그러나 노론은 신임옥사에 따른 상처가 너무도 깊어 영조의 기대와 바람을 묵살하고 소론 대신과 그 당여에 대한 토역론(討逆論)을 제기했다. 토역을 요구하는 정청이 연일 계속되면서 을사처분의 취지는 완전히 무산되었다.

시련에 직면한 영조는 다시 한 걸음 물러설 수밖에 없었다. 김일경 일파에게 형을 더하고, 이사상(李師尙)을 사사했다. 유봉휘는 멀리 귀양 보냈고, 이광좌·조태억의 관작을 삭탈했다. 그런 다음 충역 시비를 분명하게 밝히며 이제는 국사에 전념할 것을 호소했다. 또한 소론에 대한 단죄는 여기서 그쳐야 한다며 노론의 협조를 간청했다. 그러나 노론은 오히려 유봉휘·이광좌·조태억에게 더 무거운 죄를 주라고 요구했다. 이에 영조는 왕의 권위를 내세워 위협하기고 하고 때로는 신하들 앞에서 오열하며 인정에 호소하기도 했다. 그래도 난국을 타개할 수 없었다. 국왕의 권위와 눈물도 의리와 명분을 이기지 못한 것이다.

이때 노론 영수 민진원이 자신을 택하든지, 아니면 이광좌를 택하라고 요구했다. 선택의 기로에서 영조는 민진원을 좌의정에서 해임시켰다. 탕평을 구현하기 위해서는 불가피한 선택이었다. 그 대신 홍치중(洪致中)을 등용했다. 민진원이 노론 강경파(준론)의 영수라면, 홍치중은 노론 온건파(완론)의 영수였다. 더욱이 홍치중은 소론과 친교도 깊어 탕평의 대변자로는 최적의 인물이었다.

한동안 홍치중은 영조의 기대에 부응했다. 능란한 정치술을 발휘해 유봉휘·이광좌·조태억에 대한 노론의 집요한 단죄 요구를 적절히 무마시켰다. 그리고 송진명(宋眞明)·윤순(尹淳)·조익명(趙翼命) 등 소론의 등용을 청해 탕평 본래의 취지인 노소병용(老少竝用)을 구현하는 데 노력했다. 이에 영조는 기뻐하며 홍치중이 바라는 일은 뭐든지 들어주고, 탕평을 위해서는 어떤 지원도 아끼지 않았다.

탕평의 이름으로 전개되는 영조와 홍치중의 '합작 정치'를 바라보는 노론 준론은 다급해졌다. 노소병용이 심화될수록 소론을 일망타진할 기회는 멀어질 수밖에 없었다. 노론의 정략은 어떠한 희생을 치르더라도 자신들의 손으로 정계를 개편해 의리와 명분을 재천명하고 장기 집권의 기반을 다지는 것이었다. 그런 만큼 영조와 홍치중의 합작 정치는 노론에게 큰 걸림돌이었다.

바로 이때 영의정 정호가 "눈치나 살피면서 이록(利祿)을 탐내는 구차한 무리"라면서 홍치중을 비난했다. 뿐만 아니라 김조택(金祖澤)이 정호와 같은 말로 우의정 조도빈(趙道彬)을 공격하자, 홍치중 내각의 존립 명분이 위태로워졌다. 영조의 만류에도 홍치중과 조도빈은 「사직소」를 올리고 물러났다. 이에 영조는 대간을 문책하고 정호를 영의정에서 해임했다. 또한 홍치중을 좌의정에 재기용하고, 이의현(李宜顯)을 우의정에 임명해 완론을 보강해주었다. 그러나 홍치중은 이미 준론의 위세에 눌려 의욕을 상실한 상태였다.

그러던 중 1727년(영조 3) 4월, 유봉휘가 유배지에서 죽었다. 이때를 틈타서 노론 준론은 유봉휘의 재산을 몰수하고 가족을 처단할 것과 김일경 일파 처단을 강력하게 요구했다. 이에 정국은 다시 혼란에 빠졌다. 이미 용기와 자신을 잃은 홍치중을 비롯한 완론은 이러한 상황을 도저히 수습할 수 없었다. 결국 다시 한 번 양자택일의 상황에 직면한 영조는 노론과 석연찮은 타협 대신 소론을 선택했다.

이처럼 노론에 대한 실망과 염증이 표출되면서 정권은 다시 소론의 수중에 들어갔다. 유봉휘·조태구·최석항의 관작이 회복되고, 유배된 60여 명의 소론 인사가 대대적으로 석방·등용되었다. 또한 을사처분의 내용은 완전히 백지화되었다. 이제 노론 4대신은 '4충'이 아니라 '4역'이며, 임인옥사는 극악한 역옥으로 규정되었다. 이것이 정미환국(丁未換局)이다.

영조에게 정미환국은 환국이기보다는 탕평의 실현 과정이었으며, 노론은 탕평의 최대 장애였다. 이들은 영조와 한 배를 타고 있으면서도 왕의 입장 따위는 고려하지 않았다. 택군은 노론에게 무한한 공로며 집권의 기반이었지만, 영조에게는 감추고 싶은 약점이며 왕권 강화의 걸림돌이었다. 그래도 영조는 자신에게 왕위를 안겨준 노론이었기에 한동안은 이들과 타협했다. 그러나 노론의 요구가 도를 넘어서자 환국을 단행해 일침을 가했다.

무신란

1725년(영조 1) 을사처분이 단행되어 신임옥사가 무옥으로 판명되었다. 이에 소론의 강경파 김일경과 목호룡이 처단됨으로써 김일경이 주장하던 '남소(南少) 탕평'은 원칙적으로 분쇄되었다. 반면에 노론은 명분과 권력을 동시에 차지하는 일거양득의 기회를 잡았다. 이것이 소론과 남인 급진 세력을 자극했다.

1728년(영조 4)에 무신란이 일어났다. 이는 영조와 노론에 대한 반감이 폭력적인 수단으로 표출된 정치적인 사건이었다. 반란의 주체는 소론 급진 세력과 일부 남인 세력이었다. 반란의 목적은 영조를 제거하고 노론 정권을 타도한 다음 소론·남인의 연합 정권을 구성하는 것이었다.

무신란이 일어나자 자신에게 특별한 실정이 없다고 생각한 영조는 크게 충격을 받았다. 그런데 무신란이 일어난 데는 나름대로의 이유가 있었다. 결국 영조가 비정상적인 절차로 왕위에 오른 것이 가장 큰 원인이었다. 영조는 신하가 임금을 택하는 이른바 '택군'으로 왕위에 올랐다. 이는 왕조 국가에서는 용인될 수 없는 일이었다. 이에 반란의 주체들은 영조를 합법적인 군왕으로 보지 않았다.

특히 경종의 의문스러운 죽음이 반란을 일으킨 촉매로 작용했다. 영조 즉위 초부터 경종 독살설이 구전 또는 괘서와 흉서의 형태로 광범위하게 퍼져 있었다. 영조의 면전에서 경종의 독살설을 발설하다 죽임을 당한 경우도 있었다. 이에 격분한 소론과 남인의 강경파는 왕권 교체를 꿈꾸며 반란을 일으켰다. 이들은 의문의 죽음을 맞이한 경종에 대한 흠모의 정을 고조시켜 반란 세력을 결속하고 민심을 규합했다. 영조는 숙종의 아들이 아니며 경종을 몰래 시해했다는 유언(流言)을 통해 여론을 더욱 선동하고, 경종의 원수를 갚는다는 반란의 명분을 내세웠다. 결국 무신란은 권력에 대한 도전인 동시에 경종을 위한 복수였다.

무신란은 전국적인 규모의 반란이었다. 호서·호남·영남의 삼남 지방은 물론 경기·평안도까지 반란 조직이 결성되었다. 반란의 주모자는 호남의 박필현(朴弼顯), 호서의 이인좌(李麟佐), 영남의 정희량(鄭希亮) 등 3명이었다. 함께 무신당을 결성한 이들은 주로 소론과 남인의 명가 출신을 입당시키며 세력을 키웠다. 또한 지방 군인·향임(鄕任: 향소 일을 맡아보던 사람)·노비·명화적(明火賊: 불한당) 등 중인층에서부터 하층민까지

폭넓게 포섭했다.

반란을 준비하던 무신당은 1727년(영조 3)에 단행된 정미환국으로 노론이 물러나고 소론이 집권하면서 위기를 맞았다. 반란의 명분이 그만큼 약화된 까닭이었다. 게다가 박필현이 태안현감으로 부임하는 바람에 서울 주도층 세력이 현격하게 줄었다. 이에 일각에서는 관망의 태도를 보였지만, 이인좌 등은 외기내응(外起內應), 즉 '지방에서 기병하면 서울에서 이에 동조한다'는 전략을 세우고 거사를 계속해서 추진했다.

1728년(영조 4) 3월 15일, 이인좌가 청주성을 점령하면서 반란이 현실화되었다. 이인좌는 독살된 경종의 원수를 갚고 소현세자의 증손 밀풍군 이탄(李坦)을 새로운 왕으로 추대한다는 내용의 격문을 사방에 띄웠다. 반군은 경종의 위패를 받들어 자신들의 거사가 경종을 위한 복수임을 강조하는 동시에 반란의 정당성을 천명했다. 그리고 각처에서 모여든 가담자를 수습하고 도성을 향해 북진을 서둘렀다.

한편 영남에서는 정희량과 이웅보(李熊輔)가 3월 13일 안동에서 거사를 단행하기로 했으나 사정이 여의치 않아 3월 20일 안음(경상남도 함양의 옛 지명)에서 반란을 일으켰다. 불과 며칠 만에 안음·거창·합천을 손쉽게 점령한 반군의 기세는 대단했다. 가담한 병력도 7만여 명에 달했다고 한다. 이에 사기가 고무된 반군은 이인좌가 이끄는 주력 부대에 합세하기 위해 북진을 재촉했다.

다만 호남에서의 거병은 순조롭지 못했다. 이인좌가 청주성을 함락한 지 4일 만인 3월 19일 박필현이 군대를 일으켰다. 그는 동조하기로 예정된 전라감사 정사효(鄭思孝)와 합세하기 위해 전라감영으로 향했다. 그러나 정사효는 성문을 걸어 잠그고 호응하지 않았다. 내통에 실패한 박필현은 사태의 급박함을 느끼고 도주하고 말았다.

반군이 일어난 것을 보고받은 조정에서는 도성 수비를 강화한 후 반란과 관련이 있다고 파악된 윤휴·민암·이의징(李義徵) 등 탁남의 자손들을 투옥하고, 김일경과 목호룡의 가속을 붙잡았다. 내응을 저지하려는 조처였다. 그리고 소론 오명항(吳命恒)을 총사령관으로 하는 토벌군을 투입했다.

반군과 토벌군은 용인과 안성에 인접한 진위에서 맞닥뜨렸다. 오명항이 미리 간첩을 투입해 반군의 진로를 염탐하고 비밀리에 병력을 이동시킨 상태였다. 토벌군 작전에 말린 반군은 결국 안성 싸움에서 대패했다. 이인좌가 패잔병을 이끌고 죽산으로 향하자 관군은 즉시 추격에 나섰다. 죽산에서 체포된 이인좌는 서울로 압송되었고 반군도 완전히 토벌되었다.

영남에서는 반란군이 안음·거창·합천을 점령하며 초반 기세를 올렸으나 충청도 반군과 합류하는 것이 쉽지 않았다. 결국 토벌군의 압박 속에서 반군은 진로가 차단된 채 철수할 수밖에 없었다. 그리고 동시에 토벌군의 포위 작전에 말려 궤멸했다. 정희량 등 주모자 21명도 체포되어 처형되었다. 이렇게 반란이 평정되었다.

경종의 복수와 밀풍군 추대를 반란의 명분으로 내걸고 왕권 교체를 기도했던 무신란은 실패로 끝이 났다. 그런데 여기서 한 가지 주목할 사실은 무신란을 최초로 보고한 최규서(崔奎瑞)와 토벌군 사령관 오명항이 모두 소론이라는 점이다. 특히 오명항은 스스로 도순무사가 되겠다고 자청하고 나섰다. 강경파든 온건파든 간에 반란에 소론 인사가 개입된 이상 연대 책임이 불가피했다. 이것은 소론 정권이 붕괴될 충분한 구실이었다. 그런 상황이다보니 최규서와 오명항이 토벌에 더욱 적극적인 태도를 보인 것이다. 즉 소론이 일으킨 반란을 소론이 진압한 셈이었다.

당초 조정에서는 오명항을 믿을 수 없다는 여론이 분분했다. 그러나 영조는 "오늘의 역변은 당론에서 비롯된 것이니 지금 당론을 말하는 자는 누구든 역적으로 처단하겠다"는 말로 일축했다. 이처럼 무신란은 영조가 당쟁의 폐단을 뼈저리게 느낀 사건이었다. 반란을 일으킨 쪽은 소론과 남인이었지만 원인을 제공했다는 점에서 노론도 책임을 면할 수는 없었다.

무신란을 통해 영조는 한 당파만을 전적으로 등용해서는 안 된다는 것을 깨달았다. 노론도 소론도 믿을 수 없었지만,

왕권 확립을 위해서는 두 당파를 골고루 등용하는 탕평을 실시할 수밖에 없었다. 탕평에 대한 영조의 각오와 의지는 이렇게 더욱 확고해졌다.

기유처분

계속되는 충역 시비와 이에 따라 좌우되는 정권의 향배로 영조 초반 정국은 한없이 술렁거렸다. 이런 와중에 일어난 무신란을 계기로 영조는 탕평의 중요성을 더욱 뼈저리게 실감했다. 또한 당장 영조에게 시급한 것은 왕권 강화였다. 노론이 다시 토역론을 제기했을 때, "소론에 김일경의 무리가 있다면, 노론에 정인중(鄭麟重)의 무리가 있다"는 말로 노론의 입을 막은 것도 이 때문이었다.

이때 영조가 주목한 세력은 조문명(趙文命)·송인명(宋寅明), 조현명(趙顯命)·박사수(朴師洙)·이광덕(李匡德) 등 소론 출신의 탕평파였다. 이들은 무신란을 진압하는 데 혁혁한 공을 세워 영조의 신임을 받았다. 이제 이들은 영조의 절대적인 지지를 등에 업고 정국의 주도 세력으로 부상할 수 있었다. 노론이 무신란을 통해 명분을 강화했다면, 탕평파는 권력을 장악한 셈이었다.

탕평파의 정치적인 소신은 노소 보합이었다. 이는 영조의 부탁인 동시에 탕평파의 존립 명분이었다. 그러나 노론은 여전히 비협조적이었다. 김흥경(金興慶)·김재로(金在魯)·유척기(兪拓基) 등 노론 대신들이 집단적으로 출사를 거부하며 노소 보합에 반발했다. 노론이 사라진 노소 보합은 허울에 불과했다.

난항에 처한 탕평파는 좌의정 홍치중에게 자문했다. 문제의 근원은 노론 4대신의 신원이었다. 4대신의 신원은 곧 노론의 출사 명분이었다. 노련한 홍치중은 난국을 타개할 방안으로 '분등설(分等說)'을 제시했다. 분등설은 신축옥사와 임인옥사를 구분해 전자는 충으로, 후자는 역으로 규정하는 반충반역(半忠半逆)의 논리였다. 사실 분등설은 신임옥사에 대한 근본적인 처방은 아니었다. 단지 노소 보합을 위한 변통책(變通策: 융통성 있게 처리하는 계책)에 불과했다. 그러나 특별한 대안이 없는 당시로서는 불가피한 선택이었다.

1729년(영조 5) 5월, 조현명은 분등설에 따라 노론 4대신에 대한 탕평파의 공식 입장을 천명하고 노론의 의향을 타진했다. 신축옥사가 충이라면 노론 4대신은 마땅히 신원되어야 하지만, 임인옥사가 여전히 역옥이라면 이야기는 달라졌다. 즉 이건명·조태채의 신원은 무방하지만, 이이명·김창집의 신원은 곤란하다는 것이 분등설의 골자였다. 왜냐하면 이이명의 아들과 김창집의 손자가 임인옥사에 연루되었기 때문이다. 결국 이이명·김창집은 패자역손(悖子逆孫)의 논리에 따라 신원이 어려워졌다.

노론은 분등설을 수용하지 않고 반발했다. 이들은 탕평파를 소인으로 지목하고 맹렬히 비난했다. 분등설의 논리를 제공한 홍치중도 비난의 화살을 피할 수 없었다. 비단 노론만 분등설을 비난한 것은 아니었다. 남인 오광운(吳光運)은 분등설에 대해 "화가 두려워 노론에 아첨하는 행위"라고 냉소했다. 그러나 이러한 반대와 비판의 목소리도 영조와 탕평파의 결연한 의지를 꺾진 못했다. 영조는 영의정 이광좌 이하 탕평파의 중진들을 소집해 그동안의 논의를 확정지었다. 이것이 기유처분(己酉處分)이다. 이때가 1729년(영조 5) 8월 18일이었다.

기유처분 이후 영조는 사실상 소론 위주의 정국을 유지했다. 조문명·송인명·조현명 등 소론 계열의 탕평론자들이 정국의 주도 세력으로 부상한 것이다. 이 점에서 기유처분은 '소론 탕평'의 정치적인 명분이었다.

경신처분

정권을 잡은 탕평론자들은 탕평 본래의 취지인 노소병용에 만전을 기했다. 쌍거호대(雙擧互對)의 인사 방식이 적용되었던 것이다. 예컨대 영의정이 노론이면 좌의정은 소론에서 임명되었고, 이조판서가 소론이면 참판·참의에는 노론이 기용되었다. 별다른 대안이 없는 이상 쌍거호대는 정국 운영의 중요한 원리로 받아들여질 수밖에 없었다.

기유처분과 쌍거호대에 기반을 둔 소론 탕평은 영조의 지지와 기대 속에서 한동안 지속되었다. 그리하여 노론과 소론이 어느 정도 세력의 균형을 이루었다. 그러나 소론 탕평은 1732년(영조 8)을 전후해 일대 전환기를 맞았다. 홍치중·조문명이 사망한 데 이어 노론이 김창집·이이명의 신원을 강력히 요구했기 때문이다. 김창집·이이명의 신원은 바로 기유처분의 번복이자 소론 탕평의 종식을 의미했다.

그런데 1738년(영조 14)을 전후해 정국에 커다란 변화가 일어났다. 신임의리를 고집하며 소론과 공존을 거부하던 노론 준론의 영수 유척기가 입조한 것이다. 유척기의 입조는 신임의리에 대한 노론의 입장 변화를 의미했다. 그 결과 조정에는 노론이 빠르게 성장해 비중이 점차 커졌다.

이때 영조는 무려 15년간을 간직해온 본심을 드러냈다. 종전까지 시비불문을 고수하던 영조가 돌연 입장을 바꾸어 신임의리에 개입하기 시작한 것이다. 서덕수(徐德修)의 신원이 그 징표였다. 서덕수는 1721년(경종 1) 삼급수를 사실로 인정해 임인옥사를 확대시킨 장본인이었다. 사실 영조의 불만은 신임옥사에 자신이 연루되었다는 것이 불만이었다. 따라서 영조에게 시급한 것은 자신의 결백을 천명하는 일이었다. 기유처분의 명분을 파괴하면서까지 서덕수의 신원을 지시한 것도 그 때문이었다.

신임의리의 재조정을 위한 2단계 작업은 새로운 정치 세력을 결성하는 데 있었다. 임인옥사를 번안하고 김창집·이이명을 신원하는 데 소론 계열의 탕평파는 거북한 존재였다. 이에 영조는 1739년(영조 15) 생모 숙빈 최 씨에 대한 불경을 이유로 조현명·송인명 등의 탕평파를 대거 파직하고, 유척기·김재로·조상경(趙尚絅) 등의 노론을 등용했다.

여기에 고무된 노론은 그해 11월 신임의리 개정을 요구했다. 영조와 노론의 의도가 우연히 맞아떨어진 것이다. 영조는 이때까지만 해도 신중을 기하면서 사태의 추이를 관망하고 있었다. 그러다가 이듬해인 1740년(영조 16) 정월, 김재로를 위시한 노론 대신과 조현명·송인명을 소집한 자리에서 갑자기 김창집·이이명의 신원을 명했다. 10년 동안 유지해온 기유처분의 명분을 일시에 무너뜨린 것이다. 조현명·송인명이 반발했지만, 영조는 이를 무시했다. 그리하여 신임의리의 번안 작업은 일사천리로 진행되었다.

그해 3월에는 좌의정 김재로가 피화자(被禍者: 갑자사화로 피해를 본 사람)의 신원을 건의했다. 영조도 원칙적으로는 신원에 동의했지만 "이는 중대한 처분이다"라는 이유로 시일을 끌었다.

사실 이즈음 영조는 노론에 불만이 있었다. 노론이 자신들의 신원에만 급급해 영조의 혐의는 무시했기 때문이다. 이에 영조는 또 한 번 변덕을 부려 노론 준론을 일시에 퇴진시켰다. 그리고 소론인 조현명·송인명을 재기용했다. 임인옥사에 관한 한 노론보다는 소론에 의해 무옥 판정을 받고 싶은 것이 영조의 본심이었다. 다시 입조한 두 사람은 노론을 대표하는 김재로와 함께 절충안 마련을 위한 협상을 벌였다. 삼수옥의 무옥 여부는 이미 노론 준론에 의해 판정이 난 상태였기 때문에 협상의 골자는 번안 여부에 있었다.

양측은 한 치의 양보 없이 팽팽히 맞섰다. 조현명·송인명은 번안 불가를 고수했고 번안은 연기될 수밖에 없었다. 그리하여 임인옥사가 무옥임을 천명하고 피화자의 신원을 강구하는 선에서 타협을 보게 되었다. 이를 경신처분이라 한다. 1740년(영조 16) 6월 13일의 일이었다.

신유대훈

경신처분은 기유처분의 폐기에 따른 소론 탕평의 종언을 의미했다. 이제 탕평도 새로운 형태와 방향으로 전개되어갔다. 서원 철폐, 전랑통청권 혁파, 한림회천권(翰林回薦權) 혁파에 대한 논의가 도마 위에 오르기 시작한 것도 이때였다. 이로써 사림 정치의 틀이 무너지게 되었다. 그러나 영조는 소론 계열의 탕평론자들을 일시에 무용지물로 만들지는 않았다. 왜냐하면 반드시 이들의 손으로 처리해야 할 한 가지 중대한 일이 남아 있었기 때문이다.

임인옥사의 번안은 영조의 혐의를 벗는 중대한 결단인 동시에 노론 탕평으로 바뀌는 시발점이었다. 이미 16년을 인내하며 관망해온 영조는 경신처분의 여세를 몰아 이번에는 무슨 일이 있어도 일을 마무리 지을 생각이었다. 그러나 생각처럼 간단하지 않았다. 노론·소론·남인의 입장이 서로 달랐기 때문이다.

공교롭게도 이즈음에 임인옥사 때 죽은 김용택의 아들 김원재(金源材)가 숙종이 연잉군과 연령군을 부탁한다며 증표로 준 7언시를 위조하는 사건이 발생했다. 이것이 이른바 위시(僞詩) 사건이다. 이 일로 김원재는 장살되었다. 노론에게는 임인옥사의 번안 명분이 반감되는 일이었고, 소론에게는 숨통을 터주는 일이었다.

영조의 조처에 힘을 얻은 조현명·송인명은 경신처분을 고수하기로 마음먹었다. 그러나 중요한 것은 영조의 생각이었다. 지난 16년 동안 영조는 신임의리에 대해 철저하게 이중적인 태도를 가졌다. 위시 사건을 통해 노론을 억누른 것도 노론의 기고만장한 태도에 제동을 걸려는 의도였을 뿐, 소론의 기세를 살려주려는 것은 아니었다.

이런 가운데 1741년(영조 17) 9월, 형조참판 오광운이 「임인옥안(壬寅獄案: 임인옥사 때 작성된 역모 사건 조사 보고서)」을 불사르고 세상의 의혹을 해소하기 위해 대훈(大訓)을 반포해야 한다고 건의했다. 기회를 포착한 영조는 재상 회의를 소집했다. 영의정 김재로는 미온적인 태도를 보였지만, 조현명·송인명은 적극적으로 찬동했다. 이틀 뒤 조현명은 임인옥사의 피화자에 대한 전면적인 신원을 건의했다. 다만 "인심의 불복을 우려해 김용택·이천기(李天紀)는 별안으로 처리해 신원에서 제외한다"는 한 가지 조건을 첨부했다. 결국 영조는 일부 노론의 별안 작성 반대를 물리치고 대훈을 제정했다.

첫째, 신축년의 건저는 대비와 경종의 하교에 따른 것이다.

둘째, 임인옥사는 무옥이므로 국안은 소각하고 피화자는 신원한다.

셋째, 김용택·이천기·이희지·심상길(沈尚吉)·정인중은 역으로 단정해 별안에 둔다.

이것이 1741년(영조 17) 9월 24일에 반포된 신유대훈의 골자다. 무려 17년 동안 은인자중하며 점진적인 처분을 통해 거둔 결실이었다. 이제 정통성을 인정받은 영조에게 더 이상의 장벽은 없었다. 또한 신유대훈은 소론 탕평이 노론 탕평으로 바뀌는 일대 전환점이 되었다.

그해 영조는 당쟁의 소굴이라고 지탄받아온 서원의 폐단을 시정하기 위해 서원 정비에 착수했다. 이때 무려 170개에 달하는 서원과 사우(祠宇)가 철폐되었다. 또한 영조는 당쟁의 근원으로 지목된 전랑통청권을 혁파했다. 이처럼 탕평에 위배되고 왕권 강화에 걸림돌이 되는 것은 모두 쇄신의 대상이 되었다.

한편 1755년(영조 31) 1월, 을사처분 당시 나주로 유배된 소론 윤지(尹志)가 일으킨 '나주 괘서 사건'으로 을해옥사(乙亥獄事)가 발생했다. 이 일로 대부분의 소론 명문가들이 몰락해 재기 불능의 상태가 되었다. 결국 노론 강경파의 주장대로 신임옥사 번안은 물론이고 토역까지도 달성되었다.

사도세자의 죽음과 임오화변

영조 재위 전반기는 충역 시비 번복으로 얼룩졌다. 그러다 1741년(영조 17) 신유대훈을 기점으로 노론이 정치적으로 우위를 차지하게 되었으며, 1755년(영조 31)의 을해옥사를 계기로 노론의 위치는 더욱 확고해졌다. 이로써 신임옥사에서 충의를 자임했던 노론의 전성 시대가 개막되었다.

더 이상 거칠 것이 없는 노론은 다시 주도권 장악을 위해 분열했다. 당시 영조는 척신에 의존하는 태도가 한층 심화되었다. 그러면서 척신 세력이 급속하게 성장했다. 척신 세력의 핵심은 세자의 장인인 홍봉한의 가문이었다. 이에 노론의 세력 구도는 홍봉한을 중심으로 한 척신계와 이들을 견제하는 김상로(金尙魯) 중심의 비척신계로 나뉘게 되었다.

비척신 세력인 김상로 계열은 척신 세력인 홍봉한 계열을 꺾기 위해 당시 문제가 된 세자의 비행을 거론하고 나섰다. 반면 홍봉한 계열은 세자의 비행이 정치적인 문제로 비화되지 않도록 하는 데 온 힘을 기울였다. 심지어 홍봉한은 뇌물을 거두어 세자 문제를 입막음하기 위한 자금으로 사용하기도 했다. 이 때문에 조정은 홍봉한의 수뢰를 공격하는 공홍파와 홍봉한의 입장을 옹호하는 부홍파로 나뉘었다.

이 무렵 또 하나의 새로운 외척 세력이 등장했다. 1759년(영조 35), 66세의 영조가 경주 김 씨 김한구의 딸(정순왕후)을 새 왕비로 맞아들인 것이다. 그러나 당시 김한구 가문은 홍봉한 가문의 그늘에 가려 힘을 쓸 수가 없었다. 김한구 가문은 자연스럽게 공홍파에 가담하게 되었다. 이렇게 공홍파와 부홍파의 갈등이 심화될 무렵, 조정에서는 세자의 질병과 자질이 거론되기 시작했다.

영조는 진성황후 서 씨와 계비 정순왕후 김 씨 모두에게서 후사를 보지 못했다. 대신 후궁 정빈 이 씨와의 사이에서 효장세자를, 영빈 이 씨와의 사이에서 사도세자를 두었다. 사도세자는 영조의 나이 40세가 넘은 1735년(영조 11)에 태어났다. 그런데 효장세자가 10세의 나이로 요절하는 바람에 사도세자는 2세 무렵에 세자로 책봉되었다.

세자가 성년이 될 무렵부터 영조와 세자 사이에 갈등이 생기기 시작했다. 군왕 영조는 백성을 지극히 사랑하는 성군의 모습이었다. 그러나 개인 영조의 모습은 이와는 전혀 달랐다. 천인 출신의 어머니, 당쟁 중에 목숨을 보전하기 위해 오로지 '근신' 두 글자에만 매달렸던 세월들, 경종 독살의 혐의 등은 영조를 외곬의 성격으로 만들었다.

이러한 영조의 성격 결함이 아들 사도세자와의 관계를 더욱 악화시켰다. 조급하고 민첩한 성격의 영조에 비해 세자는 말수가 적고 행동이 느린 편이었다. 이러한 세자의 모습을 영조는 못마땅하게 여겼다. 그런 부왕이 세자에게는 늘 두려움의 대상이었다. 세자의 두려움은 시간이 지날수록 불신과 반항으로 변질되어갔다.

1749년(영조 25)부터 영조는 세자에게 대리청정을 맡겼다. 이때부터 갈등의 골은 더욱 깊어졌다. 세자는 영조가 바라는 대로 부응하지 못했다. 오히려 늘 어긋난 행동을 했고, 그럴수록 부왕의 질책도 심해졌다.

그런 가운데 영조의 총애를 받고 있던 숙의 문 씨가 회임하자 세자의 위기의식은 더욱 커졌다. 이때 당시 영의정이었던 소론 이종성(李鍾誠)은 세자의 처지를 동정하며 적극적으로 세자 보호를 주장하고 나섰다. 세자의 입장에서는 고마운 일이었다.

숙의 문 씨가 옹주를 낳는 바람에 세자는 한시름 놓을 수 있었다. 그러나 노론 내부에서 세자의 자질을 거론하고 나서면서 세자의 위치는 또다시 위태로워졌다. 이 무렵 세자의 생활은 거의 파탄지경에 이르렀다. 부왕에 대한 반발심으로 세자의 비행은 더욱 잦아졌고, 민간에 끼치는 폐해도 늘어갔다. 세자의 처신에 대해 노론 내부에서는 공홍파와 부홍파가 서로 의견을 달리하며 대립하고 있었다.

설상가상으로 새 왕비인 정순왕후가 들어오고, 그녀의 친정이 공홍파에 가세하면서 세자는 더욱 불안해졌다. 세자에게 동정론을 펼쳤던 소론 대신 이종성마저 죽자 공홍파는 부홍파를 약화시키기 위해 세자의 비행을 들추어냈다.

부홍파는 계속 세자의 비행을 감쌌다. 홍봉한은 공홍파의 공격을 피하기 위해 소론에까지 도움을 요청했다. 그것도 모자라 정적인 김상로와 홍계희(洪啓禧) 등에게도 접근했다. 그러나 세자의 비행은 이미 구제할 수 없는 지경까지 와 있었다. 조정의 중론은 세자를 비난하는 쪽으로 기울었다. 이에 홍봉한조차 세자를 포기할 수밖에 없게 되었다. 홍봉한이 보호해야 할 대상은 이제 세자가 아니라 세손이었다.

이러한 상황에서 1762년(영조 38) 5월 22일, 나경언(羅景彦)이 형조에 「고변서」를 올렸다. 고변의 내용은 국왕 주위의 내시들이 역모를 꾸미고 있다는 것이었다. 「고변서」의 처리를 고심하던 형조참의가 먼저 영의정 홍봉한에게 이 내용을 알렸다. 홍봉한은 나경언의 「고변서」를 영조에게 알려야 한다고 결론을 내렸다.

「고변서」를 본 영조는 즉시 홍봉한 등과 함께 친국을 실시했다. 친국 도중 나경언은 한 통의 글을 왕에게 올렸다. 거기에는 세자의 비행이 10여 조목에 걸쳐 자세히 기록되어 있었다. 이를 본 영조는 충격을 받았다. 대신들은 이미 다 알고 있는 사실이었지만, 영조에게는 대부분 금시초문이었다.

영조는 대신들의 청에 따라 나경언을 죽이고, 세자의 비행에 가담한 사람도 모두 죽였다. 세자로부터 도움을 요청받은 소론 조재호(趙載浩)도 처벌했다. 처음에 조재호는 세자의 부름에 응하지 않았다가 세자 폐위 소식을 듣고 급히 달려왔다. 그러나 그는 정치적으로 아무런 힘이 없어 세자에게 별 도움이 되지 못했다. 그럼에도 조재호는 세자가 보호를 요청한 사실 때문에 역적의 누명을 쓰고 춘천으로 축출되었다.

평소 그는 "노론이 동궁에 불충하니 내가 동궁을 보호하겠다"고 말하곤 했다. 이것이 홍봉한의 귀에 들어갔고, 홍봉한은 이를 영조에게 고했다. 결국 조재호 같은 소론 대신이 세자 주위에 있었던 것이 오히려 세자의 명을 재촉하는 원인이었다. 일각에서 사도세자의 죽음을 영조와 노론 일파의 정치 공작에 의한 것으로 보는 것도 그 때문이다.

1762년(영조 38) 윤5월 13일, 영조는 세자에게 자결할 것을 명했다. 이것은 그간의 어떠한 환국보다 처절한 처분이었다.

이어서 협련군(挾輦軍)에게 명하여 전문을 4, 5겹으로 굳게 막도록 하고, 또 총관 등으로 하여금 배열해 시위하게 하면서 궁의 담 쪽을 향하여 칼을 뽑아들게 했다. 궁성문을 막고 각(角)을 불어 군사를 모아 호위하고 사람의 출입을 금하였으니, 비록 경재(卿宰)라도 한 사람도 들어온 자가 없었는데, 영의정 신만(申晚)만 홀로 들어왔다. 임금이 세자에게 명하여 땅에 엎드려 관(冠)을 벗게 하고, 맨발로 머리를 땅에 조아리게 하고 이어서 차마 들을 수 없는 「전교」를 내려 자결할 것을 재촉하니, 세자가 조아린 이마에서 피가 나왔다.

『영조실록』99권, 영조 38년 윤5월 13일

세자는 "부왕께서 죽으라면 죽겠다"며 옷소매를 찢어 목을 묶는 시늉을 했고, 옆에 있던 강관(講官)은 그런 세자를 말렸다. 그러기를 여러 차례, 세자도 이제는 어쩔 수 없음을 알고 세손과 작별 인사를 하게 해달라고 요청했다. 그러나 영조는 이를 허락하지 않았다. 또한 아비를 살려달라는 세손의 애원에도 아랑곳하지 않았다. 영조는 손수 세자를 뒤주 속에 가두고 자물쇠로 채웠다. 그것도 모자라 널빤지를 가져오게 해 못을 박고 동아줄로 묶었다. 그렇게 세자는 뒤주 속에서 8일 동안을 버티다가 끝내 죽고 말았다.

세자가 죽자 영조는 다음과 같은 「전교」를 내렸다.

> 이미 이 보고를 들은 후이니, 어찌 30년에 가까운 부자간의 은의(恩義)를 생각하지 않겠는가? 세손의 마음을 생각하고 대신의 뜻을 헤아려 단지 그 호(號)를 회복하고, 겸하여 시호(諡號)를 사도세자라 한다. 복제(服制)의 개월 수가 비록 있으나 성복(成服)은 제하고 오모(烏帽)·참포(黲袍)로 하며 백관은 천담복(淺淡服)으로 한 달에 마치라. 세손은 비록 3년을 마쳐야 하나 진현(進見)할 때와 장례 후에는 담복(淡服)으로 하라.
>
> 『영조실록』99권, 영조 38년 윤5월 21일

영조는 세자에 대한 처분을 "의(義)로써 은(恩)을 제어한 것이며, 나라를 위해 의로써 결단을 내린 것"이라 규정하고, 앞으로 이 사건에 대해서 일절 재론하지 말라고 엄명을 내렸다. 이것이 임오화변이다. 이렇듯 세자가 굶어 죽은 전대미문의 사건이 전개되는 동안 세자를 구명하기 위해 나서는 사람이 아무도 없었다. 더 이상 명분과 의리는 존재하지 않았다. 오로지 정파의 이해관계만이 있을 뿐이었다. 이것은 영조가 탕평이란 명목 아래 정파들의 이해관계를 일정한 선에서 충족시켜주었던 결과기도 했다.

이런 가운데 세자의 죽음에 책임을 면할 수 없는 인물이 있었다. 바로 세자의 장인인 홍봉한이었다. 세자가 죽어가는 동안에도 시종일관 소극적인 행동을 보인 그는 자신의 입장을 어떻게든 정당화시켜야 했다. 이에 홍봉한은 영조에게 이 사건의 장본인으로서 사건의 성격을 분명히 정리해줄 것을 요구하는 「차자」를 올렸다. 영조는 임오화변이 종묘와 사직을 위해 부득이했음을 설명하고, 나아가 자신의 의리를 천명했다.

이로써 사도세자의 죽음은 실질적 당사자인 영조와 홍봉한의 손에서 일단락되었다. 그러나 홍봉한의 「차자」는 두고두고 그의 앞길에 걸림돌이 되었다. 결국 홍봉한은 영조가 짊어져야 할 죗값까지 책임져야 했다.

균역법 시행

1750년(영조 26), 영조는 균역법을 실시했다. 균역법이란 역을 균등하게 지게 하는 법이었다. 즉 종전에 양인이 2필씩 부담하던 군포를 1필로 줄이는 대신 부족한 경비를 다른 세원을 통해 보충하도록 한 것이다. 군역청이 이 일을 담당했다.

노동력을 징발하는 역(役)은 요역(徭役)과 군역(軍役)으로 구분되었다. 요역은 부역(賦役)이라고도 했는데, 1년에 일정한 일수를 지는 소경지역(所耕之役)과 수시로 필요할 때마다 동원되는 잡역(雜役)이 있었다. 군역은 16세 이상 60세 이하의 양신분(良身分) 중 직역(職域: 특정한 직업)이 없는 남자가 지는 군복무였다.

조선 시대의 신분제는 양천제(良賤制)였다. 양신분에는 양반과 양인 농민이 속하고, 천신분에는 노비나 천한 직업의 종사자가 속했다. 이러한 신분제에서 원칙적으로 양신분에 속하는 양반은 이런저런 이유로 군역을 면제받았다. 당연히 군역은 양인 농민만의 몫이었다.

군역 부담은 군제와 밀접한 관련이 있었다. 조선 초기의 군제는 중앙은 오위, 지방은 진관 체제였다. 군역을 부담하는 양인은 정군(正軍: 군영에 직접 나가 군역을 담당하는 사람)과 보인(保人: 군역은 담당하지 않고 농사 활동을 하면서 정군의 군사비를 부담하는 사람)으로 나뉘며, 각각 3정(三丁) 1호(一戶)로 구성되었다.

그런데 평화가 지속되자 군제의 성격이 변하게 되었다. 즉 점차 군제가 문란해지면서 군역을 피하려는 자들이 생겨났다. 이들은 직접 군역을 부담하는 대신 다른 사람을 돈으로 사서 대신 자신의 군역을 부담하도록 했다. 이른바 고가대립(雇價代立)이다. 반대로 군역이 어렵다보니 이를 피하려고 도망치는 자들도 생겨나게 되었다. 따라서 국가도 점차 이러한 변화를 감안해 군역 대신에 포(布)를 받는 대역납포(代役納布)로 방향을 수정했다. 결과적으로 이러한 제도 변화는 군사력 약화로 이어져 임진왜란 때 쓰라린 패배를 당하게 되었다.

임진왜란을 경험한 조선은 유명무실한 오위제 대신에 훈련도감 등 오군영(五軍營) 체제로 군제를 개편했다. 훈련도감이란 국가가 전문 군인을 양성하고 재정을 양인의 포로 충당하는 군영이었다. 오군영에 속하는 다른 군문도 재정은 양인이 군포를 냄으로써 충당되었다. 이제 양인은 몸으로 군역을 부담하는 대신 1년에 군포 2필만 부담하면 되었다.

그러나 군역은 공평하게 부과되지 않았다. 양인의 수는 관직 매매, 족보·호적 위조로 변화가 생겼다. 임진왜란에서 전공을 세워 공명첩 등을 받아 신분이 상승되는 경우가 증가했다. 반대로 군역을 피하기 위해 노비를 자청하는 경우도 증가했다. 그러다보니 양인의 숫자가 줄어들고, 양인의 부담은 늘어날 수밖에 없었다. 국가가 걷어야 하는 군역의 양이 고정되어 있었기 때문이다.

군역법을 주장했던 홍계희의 말에 따르면, 군역은 50만 호에 해당되는데 실제로 군역을 부담하는 숫자는 10만 호에 불과했다고 한다. 이 부족분을 징수하기 위해 백골징포(白骨徵布: 죽은 사람에게 포를 부과)·황구첨정(黃口簽丁: 16세 이하의 아이들에게 군포를 부과)·족징(族徵: 친족이 대신 부과)·인징(隣徵: 이웃이 대신 부과) 등과 같은 가혹한 착취가 자행되었다.

국가는 이러한 폐해를 개선할 방안을 모색해야 했다. 첫 번째 방법은 역을 면제받는 사람을 제한하는 것이었다. 두 번째는 양반에게도 군포를 내도록 하는 방법이었다. 그러나 번번이 양반의 이해관계에 걸려 시행되지 못했다.

영조는 이를 시정하기 위해 종래 2필씩 부담하던 군포를 1필로 줄이는 균역법을 시행했다. 문제는 군포의 액수를 1필로 줄인 후 군포의 부족분을 충당하는 방법이었다. 영조는 어염세(魚鹽稅)를 징수하고 선무군관포(選武軍官布)나 결작(結作) 징수로 부족분을 충당하고자 했다.

종래 어염세는 왕실이나 국가 기관이 가지고 있었는데, 이것을 부족한 군포를 충당하는 재원으로 사용하도록 한 것이다. 결작이란 모든 토지에 대해 1결당 2두씩 별도로 부담하게 한 세목으로, 토지를 가진 모든 사람이 부담해야 하는 일종의 부가세다. 선무문관(選武軍官)은 군역을 부담하지 않던 한유자(閑遊者: 재력이 있는 양인) 자제 중에서 새로 임명된 군관으로, 이들에게 매년 포 1필을 징수했다.

이처럼 균역법은 군포의 수를 줄였다는 점에서 양인에 대한 국가의 배려를 의미했다. 또한 왕실이나 국가 기관의 세원이었던 어염세를 군사 재정으로 전환시킨 점도 주목된다. 그러나 역 부담이 완전한 형평을 이룬 것은 아니었다. 이후에도 양반은 여전히 군역을 지지 않았다. 더구나 이들이 부담해야 할 결작을 양인에게 전가시켰다. 따라서 군역으로 인한 역 부담의 불균형은 균역법 시행 때문에 일시적으로 개선되었으나 근본적으로 해결된 것은 아니었다.

검소한 왕

영조는 재위 기간 내내 당쟁의 폐단을 없애려고 노력했다. 중반 이후 노론 쪽으로 기울어지긴 했지만 탕평을 외친 것도 이 때문이었다. 서원 철폐와 청요직 혁파 등 제도 개혁을 통해서도 당쟁의 폐단을 줄여보고자 했다.

영조는 매우 검소한 왕으로 알려져 있다. 그는 벼슬아치와 사대부 여인의 사치 풍조를 개탄하며 이를 바로잡고자 스스로 먼저 검소한 태도를 보였다. 왕실에서 고급스러운 비단을 사용하지 못하게 하고, 본인의 옷과 이불도 모두 명주로 만들어 썼다. 또한 사치의 상징인 여인의 가체(加髢)를 금하고 대신 족두리를 쓰게 했으며, 종종 금주령을 내리기도 했다.

1776년(영조 52) 3월 5일, 영조는 경희궁 집경당에서 숨을 거뒀다. 이때 나이 83세로 역대 조선 왕 중 가장 오래 살았다. 재위 기간도 무려 52년이나 되었다. 묘호는 원래 영종(英宗)이었으나 후에 영조(英祖)로 고쳤다. 능은 경기도 양주에 있는 원릉(元陵)이다.

제22대 정조, 정치 개혁을 통해 왕권을 강화하다

대리청정 석 달 만에 왕위에 오른 세손

1752년(영조 28) 9월 22일, 정조는 영조의 둘째 아들인 사도세자와 홍봉한의 딸인 혜경궁(惠慶宮) 홍 씨 사이에서 태어났다. 이름은 산(祘), 자는 형운(亨運)이다. "첫돌이 돌아왔을 때 돌상에 차려진 수많은 노리갯감은 하나도 거들떠보지 않고 그저 다소곳이 앉아 책만 펴들고 읽었다"고 할 만큼 정조는 어려서부터 학문을 사랑했다.

1762년(영조 38), 세손(정조)의 나이 11세 때 생부인 사도세자가 영조에 의해 뒤주에 갇혀 죽임을 당했다. 세손은 울면서 아비를 살려달라고 애원했지만, 영조는 물론이고 집권 세력인 노론은 세손을 외면했다. 사도세자가 죽자 세손은 영조의 큰아들 효장세자에게 입적되었다. 그러나 마음속으로는 자신이 사도세자의 아들임을 잊지 않았다.

엄격한 영조 그리고 자신에게 등돌린 외척과 노론에 둘러싸인 세손의 처지는 외롭고 괴로웠다. 부홍파인 홍봉한의 동생 홍인한(洪麟漢)을 비롯해 정후겸(鄭厚謙: 화완옹주의 양자) 등의 외척은 처음에는 세손을 등에 업고 자신들의 세력을 유지하려고 했다. 그러나 세손이 자신들을 배척하자 곧 등을 돌려 견제하기 시작했다. 이들은 세손의 왕위 계승을 막기 위해 협박과 암살 기도를 서슴지 않았다. 1775년(영조 51), 영조가 세손의 대리청정에 대한 의견을 물었을 때 홍인한은 다음과 같은 말로 이들의 의도를 극명하게 드러냈다.

> 동궁께서는 노론과 소론을 알 필요가 없으며, 이조판서와 병조판서를 알 필요가 없습니다. 조정의 일에 이르러서는 더욱이 알 필요가 없습니다.
>
> 『영조실록』125권, 영조 51년 11월 20일

이와 같은 홍인한의 이른바 '삼불필지설(三不必知說)'은 세손의 권위를 정면으로 부정하는 것이었다. 그러나 이러한 반대에도 이미 병환이 깊었던 영조는 소론 서명선(徐命善)의 지지 선언에 힘입어 세손의 대리청정을 실현시켰다. 그리고 대리청정을 시작한 지 3개월 만인 1776년(영조 52) 3월에 영조가 세상을 떴고, 세손 정조가 왕위를 물려받았다.

정조의 정비는 김시묵(金時默)의 딸 효의왕후(孝懿王后)로 1762년(영조 38)에 세손빈에 책봉된 후 왕비가 되었으나 후사가 없었다. 정조의 후궁인 의빈 성 씨가 1남 1녀를 낳았으나 모두 일찍 세상을 떴고, 수빈 박 씨가 제23대 왕 순조를 비롯해 1남 1녀를 낳았다.

정조의 탕평

정조는 즉위와 동시에 영조의 탕평책을 계승할 것임을 분명하게 밝혔다. 그러나 이는 탕평의 기본 원칙을 계승할 뿐이지 방법까지 계승한다는 것은 아니었다. 정조의 탕평책은 영조의 탕평에 대한 반성에서 출발했다. 정조는 쌍거호대와 같은 미봉책보다는 군주가 주도하는 탕평을 선호했다. 또한 완론보다는 의리가 분명한 준론을 지지했다. 나아가 정조는 충과 역의 구분을 명확히 하고, 공론과 의리를 강조해 첨예한 의리 문제를 해결하고자 했다. 국왕의 의리에 반하는 세력을 제거해 왕권을 강화하고자 한 것이다. 그리하여 색목(色目: 사색 당파의 파벌)의 구별 없이 오로지 왕에게 충성하는 자만을 등용하는 이른바 의리탕평을 추구했다.

정조는 탕평의 성공과 왕권 강화를 위해 가장 먼저 외척 세력을 제거했다. 외척은 탕평의 본질을 왜곡하고 왕권을 위협했다. 이들은 영조 말기에 정치 혼란을 야기하고 정조를 모해하려 했던 세력이기도 했다. 정조는 세손 시절에 외척의 노골적인 협박 속에서 불안한 나날을 보내야 했다. 따라서 외척 세력의 억제는 탕평을 위해서나 정조 자신의 안위를 위해서 꼭 필요한 일이었다.

정조를 괴롭힌 외척 세력은 영조의 비호 아래 성장해 권력의 핵심을 장악했다. 당시 대표적인 외척 가문으로는 풍산 홍씨 홍봉한 가문과 경주 김 씨 김구주(金龜柱) 가문이 있었다. 풍산 홍 씨는 정조의 외가로서 부홍파의 핵심이었고, 경주 김씨는 대비인 정순왕후의 친정으로 대표적인 공홍파였다. 이들은 각각 북당·남당으로 불리기도 하고, 시파·벽파로 분류되기도 했다. 그런데 맹렬한 주도권 싸움을 펼친 이들의 유일한 공통점은 세손(정조)의 대리청정을 반대했다는 점이었다.

정조는 즉위하자마자 홍국영을 중심으로 비척신 계열의 청류를 규합해 외척 세력을 제거하기 시작했다. 홍인한과 정후겸이 유배되었고, 그 밖에 홍인한을 비호했던 인사들도 처벌되었다. 그러자 부홍파의 기세는 현저하게 위축되었다. 다만 왕실의 권위를 고려해 외조부 홍봉한과 고모인 화완옹주는 처벌하지 않았다.

부홍파 제거에는 김종수(金鍾秀)·정이환(鄭履煥) 등 공홍파의 도움이 컸다. 김종수는 공홍파의 맹장으로서 후일 벽파의 거두가 되었으며, 정이환은 김구주의 심복과 같은 인물이었다. 부홍파를 제거한 정조는 여세를 몰아 김구주 계열의 외척 세력을 제거하고자 했다.

1776년(정조 즉위년) 9월, 한밤중에 정조의 어머니인 혜경궁의 환후가 위독하니 모든 관료는 입궐해 문안드리라는 「교서」가 내려졌다. 당시 남촌에 살던 김구주도 황급하게 대궐로 달려왔다. 그러나 그가 승정원에 도착했을 때는 이미 불참자 명단이 통보된 다음이었다. 결국 김구주는 혜경궁을 위문하지 않았다는 죄로 흑산도에 유배되었다.

한성좌윤 김구주를 흑산도에 귀양 보냈다. 혜경궁께서 환후가 있으므로 약방 삼제조(三提調)를 모두 입직하라고 명하였다. 조정에서 문안하니, 대신과 여러 신하를 소견하였다. 임금이 말하기를 "오늘 문안한 모든 신하가 몇 명인가?" 하니, 승지가 차례로 주달하였다. 하교하기를 "인신(人臣)의 분의(分義)에 어찌 척리(戚里)로써 차이가 있으며 또한 어찌 외람되고 교활한 습관으로써 감히 군부(君父)의 앞으로 자행하겠는가? 자궁(慈宮)의 환후를 알고도 모르는 체했으니 이미 아주 무상(無狀)한 일이다. 더구나 그의 처지에서 더욱 어찌 감히 이와 같이 한단 말인가?" 하고, 인하여 김구주를 절도(絶島)에 정배하라는 명이 있었다.

『정조실록』 2권, 정조 즉위년 9월 9일

김구주의 유배는 공홍파에 경종을 울리는 동시에 경주 김씨의 몰락을 불러왔다. 공홍파의 거두 김종수의 반대에도 김구주를 처벌할 수 있었던 것은 소론 서명선 계열의 지지가 있었기 때문이다.

이처럼 정조는 공홍파의 지원으로 홍봉한 계열인 부홍파를 제거한 다음, 여세를 몰아 김구주 계열까지 제거했다. 그러나 외척을 완벽하게 제거한 것은 아니었다. 우선 부홍파의 영수 홍봉한이 처벌되지 않았다. 자신의 정통성을 확보하고 공홍파를 견제하려면 부홍파를 잔존시킬 필요가 있었던 것이다. 김구주가 유배되었지만, 처벌 대상이 공홍파로 더 이상 확대되지 못했다. 대대적으로 공홍파 처벌을 단행할 분위기가 조성되지 못한 탓이었다.

정조는 왕권 강화를 위해 외척은 물론 측근 세력도 철저히 배제하고, 환관에 대해서도 경계를 늦추지 않았다. 그리고 사대부를 등용하여 공백을 채우려 했다. 정조에게는 의리탕평을 함께 실현할 인재가 필요했다. 그리하여 규장각에 초계문신 제도 등을 두어 친왕적이면서도 학식과 의리는 물론 참신한 기풍을 겸비한 인재를 양성하고자 했다.

규장각 창설

정조는 자신이 확실히 신임할 수 있는 신하들과 함께 정책을 운영하고 더불어 문화 사업도 할 수 있는 기관이 필요했다. 이러한 정조의 갈망으로 규장각이 탄생했다.

규장각은 1776년(정조 즉위년) 9월에 역대 왕의 어제·어필 등을 정리·봉안하고 서적을 수집하거나 편찬하는 왕실 도서관으로 출발했다. 이는 왕도 정치의 정신적인 지표이자 왕실의 위엄을 확립하는 필수 요소이기도 했다. 그러나 규장각은 단순한 왕실 도서관만은 아니었다. 본래 의도는 다른 데 있었다. 정조 초반, 규장각은 홍국영에 의해 정치 숙청의 장이 되기도 하는 등 측근 세력을 모으는 수단으로 활용되었다.

홍국영의 몰락 이후 정조는 관료 기강을 쇄신하고 인재를 배양하기 위해 1781년(정조 5) 2월 규장각의 기능을 본격적으로 재정비했다. 승정원과 홍문관을 대신해 국왕의 통치를 직접 보좌하는 기관이 된 것이다. 규장각의 각신(閣臣)은 정조의 정치 혁신과 새로운 정책 추진을 이론적으로 뒷받침하는 보좌관의 역할을 부여받았다.

규장각 각신은 학식과 덕행을 겸비한 인물로 정조가 가장 신임할 수 있는 사람이 일차적인 선발 대상이었다. 그래서 각신으로 임명된다는 것은 왕이 자신의 역량을 인정하고 동시에 절대적으로 신임한다는 뜻이었다. 이는 관료로서 더없는 영광이었다.

정조 대에 재직한 각신은 모두 38명이었다. 이들 중 남인 출신 각신인 채제공(蔡濟恭)은 탕평책을 이끌어나갈 인물로 정조의 기대를 받았다. 각신으로 등용된 인물은 의리 문제에 대해 언론의 지적이나 당의 의견을 지지하면서도 탕평을 반대하지 않는 청류 계열이었다. 엄선된 군자들의 조제보합으로 당색을 희석시키려는 정조의 탕평책이 일차적으로 규장각에 반영되었던 것이다.

세종 대에 집현전이 있었다면 정조 대에는 규장각이 있었다. 규장각은 문화 기관으로서 정조 대의 문풍을 주도했을 뿐 아니라 탕평 실현의 장이기도 했던 모범적인 정치 기관이었다.

그러나 순조 연간 이후가 되면서 각신에게 부여되었던 실제 권한은 모두 없어지고 만다. 규장각은 그저 「어제(御製)」 간행과 『일성록(日省錄)』 기록 정도를 담당했을 뿐이다. 1864년(고종 1) 고종 즉위 후에는 어제 보관이 종친부로 이관되었다. 규장각이 순수한 왕실 도서관 역할만 하는 것으로 기능이 축소된 것이다. 이후 대한제국 시기인 1907년(순종 즉위년) 11월에는 홍문관이 폐지되면서 기능이 규장각으로 이관되었다. 한때 규장각의 지위가 격상되기도 했지만, 1910년(순종 3) 조선이 망하면서 혁파되었다.

초계문신 제도

"나라를 다스리는 데 제일 급선무는 인재를 배양하는 것이다"라고 늘 강조했던 정조는 조선 초기의 사가독서(賜暇讀書) 제도에 비견되는 또 하나의 장치를 마련했다. 바로 초계문신 제도였다.

초계문신 제도는 한마디로 관리 재교육 제도로, 가장 우수하다고 인정되어 승문원에 추천된 당하관 이하 문신 가운데 37세 이하인 사람을 뽑아 내각에서 40세까지 교육시켰다. 초계문신으로 뽑히면 국왕의 도서관에서 재교육을 받아 국왕 측근에서 문화 정책을 충실하게 보좌할 수 있는 인재로 양성되었다. 국왕이 매달 한 번씩 친히 초계문신을 시험하기도 했다. 이들은 신분이 보장되고 잡무가 면제되는 특전도 주었기 때문에 그야말로 선망의 대상이었다.

정조 때의 초계문신은 1781년(정조 5) 16명을 선발한 것을 시작으로, 1800년(정조 24)까지 모두 10회에 걸쳐 138명이 선발되었다. 정조는 노론·소론·남인·북인계의 우수한 인재를 함께 선발해 이들 사이의 학문적 교류와 동류의식을 강화시켰다. 특히 남인계가 수용했던 서학(西學: 천주교)과 노론계가 수용했던 패관 문학을 모두 명·청 문화의 폐단으로 비판하면서 문체반정(文體反正: 한문의 문장 체제를 진·한 이전의 순수한 문체로 회복하자는 주장) 운동을 벌였다. 그런데 중요한 사실은 문체반정 운동이 명문가 초계문신인 노론계 김조순(金祖淳)과 남공철(南公轍) 등을 대상으로 했다는 것이다. 이것은 이 시책이 특권을 가진 권력 집단인 경화 벌열(京華 閥閱: 한양에 거주하던 유력 가문)을 견제하고 변질시키는 효과를 노린, 탕평책 추진을 위한 장치였다는 것을 말해준다.

정조 말년에 이르면 초계문신들이 대부분 높은 벼슬을 차지했다. 정약용(丁若鏞)·서유구(徐有榘) 등 대표적인 실학자도 초계문신 제도를 통해 성장한 인물이다. 초계문신은 암행어사로도 파견되어 정조의 왕권 강화와 민폐 파악에 큰 역할을 수행했다.

규장각과 초계문신 제도는 기존의 집권층이 장악하던 청요직을 견제하고 친왕 세력으로서 새로운 권력 구조를 형성하는 데 기여했다. 그러나 정조가 처음 의도했던 만큼 결과가 만족스럽지는 못했다. 그래도 언론이 준절하고 의리에 밝은 인물을 각신으로 등용해 선도적으로 준론 탕평을 하려던 시도는 정치적으로 의미가 크다.

정조 시해 미수 사건

왕권 강화에 장애가 되었던 외척 세력을 제거하고 한숨 돌렸던 정조는 이들과 연계된 자들의 위협과 역모에 시달려야 했다.

정조 시해를 계획한 것은 노론 벽파 홍계희 집안이었다. 홍계희는 일찍이 나경언을 시켜 영조에게 사도세자의 행적을 과도하게 고하도록 했던 인물이다. 즉 그는 사도세자가 죽음에 이르게 하는 데 결정적인 역할을 했다. 정조 암살 계획의 주동자인 홍상범(洪相範)은 바로 홍계희의 손자였다. 홍상범은 아버지 홍술해(洪述海)를 비롯해 백부 홍지해(洪趾海), 사촌 홍상간(洪相簡)이 유배되자 앙심을 품고 복수를 다짐했다. 그는 정조만 없애면 다시 옛날의 영화를 누릴 수 있다는 믿음 하나만으로 일을 저질렀다.

1777년(정조 1), 홍상범의 사주를 받은 전흥문(田興文)·강용휘(姜龍輝) 등은 칼과 철편을 지니고 어둠을 틈타 대궐에 들어갔다. 이들은 왕이 거처하는 존현각 용마루에 올라가 기회만을 엿보고 있었다. 그러나 자객들은 칼 한번 휘둘러보지 못하고 정조의 호위무사에게 발각되고 말았다.

한편 홍술해의 처는 무속적인 방법으로 정조와 홍국영을 죽이려 했다. 그녀는 종이로 만든 인형에 부적과 주문을 넣어 여러 곳에 묻었다. 또 붉은 모래로 홍국영과 정조의 상을 만들어 화살을 꽂은 후 땅에 묻기도 했다. 그러나 이 또한 사전에 발각되고 말았다.

홍 씨 집안의 정조 암살 계획은 '은전군(恩全君) 추대 사건'으로 구체화되었다. 홍계희의 팔촌인 홍계능(洪啓能)은 아들 홍신해(洪信海), 조카 홍이해(洪履海)와 함께 "금상은 잘못한 국정이 많다. 추대하는 일을 하지 않을 수 없다"면서 인조반정 때의 일을 들먹이고 나섰다. 이 일에는 혜경궁 홍 씨의 친동생인 홍낙임(洪樂任)도 관련되었다. 이들은 정조를 살해한 후 은전군을 국왕으로 추대하려 했다. 그러나 이 또한 사전에 발각되고 말았다.

정조는 관련자인 은전군을 자결시키고 사건 주동자 23명을 사형시키는 등 강력하게 대응했다. 이때 정조는 추대에 관련되었던 홍봉한의 아들이자 자신의 외숙인 홍낙임을 친국하고 특별히 석방해 죄를 적은 기록을 삭제해주었다. 정조의 이러한 조치는 혜경궁 홍 씨에 대한 위로이자 왕실의 권위를 지키려는 것이었다.

홍국영의 세도 정치

몇 차례의 역모 사건으로 신변의 안전에 심각한 위협을 느낀 정조는 자신의 친위 체제를 강화하는 것이 급선무임을 절실히 깨달았다. 신변의 안전뿐만 아니라 왕권 강화를 위해서라도 친위 부대 양성을 통한 병권 장악은 무엇보다도 중요한 사안이었다. 정조는 숙위소(宿衛所)를 세우고 자신의 친위 세력인 홍국영에게 숙위대장직을 맡기고 권한을 대폭 강화했다. 홍국영은 정조의 신임을 바탕으로 병권까지 장악하자 무소불위의 전권을 휘두르기 시작했다.

홍국영은 굴지의 명문인 풍산 홍 씨 가문 출신으로, 정조의 외조인 홍봉한과도 인척 관계였다. 1772년(영조 48), 25세의 나이로 과거에 급제한 후 시강원 사서(司書)에 임명되어, 당시 왕세손이던 정조와 인연을 맺었다. 홍국영은 타고난 야심가이자 뛰어난 정략가였다. 그는 한동안 특정 당파를 표방하거나 지지하지 않고, 주변에 사람들을 모으지도 않았다. 정조가 홍국영을 전적으로 신임한 것도 당쟁에 물들지 않은 '건실한 청년 관료'라는 이미지 때문이었다. 그는 세손의 대리청정을 반대하는 외척에 맞서 대리청정을 관철시키고, 정적들로부터 신변의 위협을 받던 정조를 보호하는 데 앞장섰다.

이처럼 정조 즉위에 가장 큰 공을 세운 홍국영은 정조 대

초반에 정권을 좌우하다시피 하며 권세를 누렸다. 이때 홍국영의 나이는 겨우 29세였다. 그는 도승지·훈련대장·금위대장·숙위대장을 겸임하고 무반을 규합해 인사권은 물론 군권까지 장악했다. 국가의 모든 중대사는 홍국영을 거쳐야만 정조에게 보고되었다. 홍국영의 위세가 날로 높아지자, 정승들조차 홍국영의 서슬 앞에서 고개를 숙여야 할 정도였다. 세간에서는 이러한 무소불위의 권력을 두고 '홍국영의 세도 정치'라 불렀다.

정조는 홍국영의 비대한 권력을 알고 있었지만, 그의 공로를 고려해 묵인해주었다. 즉위 초반의 어수선한 정국을 수습하고 강력한 친정 체제를 구축하려면 홍국영 같은 인물이 필요했던 것이다. 그러나 욕심이 지나치면 화를 부르게 마련이다. 홍국영은 자기도 모르는 사이에 정조의 신임을 남용하고 있었다. 어느덧 홍국영의 권력도 끝이 보이기 시작했다.

당시 효의왕후는 지병이 심해 후사를 기약하기 힘들었다. 이를 간파한 홍국영은 자신의 누이를 정조의 후궁으로 들였다. 일찍이 정조를 외척과 결별시켰고, 정조 즉위 후 남·북당의 두 외척을 와해시키는 데 일조했던 그가 이제는 스스로 외척이 된 것이다. 그러나 불행하게도 누이 원빈 홍 씨가 자식 없이 1년 만에 죽자 홍국영의 계획은 물거품이 되었다. 홍국영은 차선책으로 정조의 이복동생인 은언군(恩彦君)의 아들

상계군(常溪君) 담(湛)을 원빈 홍 씨의 양자로 삼아 완풍군(完豊君)에 봉했다. 그런 다음 송덕상(宋德相)을 조종해 왕세자 책봉을 청하는 「상소」를 올리게 했다. 홍국영은 완풍군을 정조의 후계자로 삼을 생각이었던 것이다.

홍국영이 이러한 행태를 보이자 정조는 마음이 돌아섰다. 홍국영에게 막강한 권력을 허락했지만, 왕위 계승에 간여하는 일만은 용서할 수 없었던 것이다. 이제 남은 것은 정조의 용단뿐이었다.

1779년(정조 3), 정조는 마침내 자신의 든든한 조력자 홍국영을 축출했다. 조정 조회에 참석하라는 명을 받고 정조를 만나고 나온 홍국영은 곧바로 「사직소」를 올렸다. 스스로 물러나긴 했지만 정조의 뜻에 따라 추방된 것이나 다름없었다. 권력의 핵심을 모두 차지했지만 그것도 모자라 외척이 되고자 했던 홍국영의 정치 야심은 이로써 종지부를 찍게 되었다.

시파와 벽파의 대립

홍국영의 몰락 이후 정치 구도는 시파와 벽파가 서로 대립하는 양상으로 흘러갔다. 기본적으로는 노론·소론·남인으로 3등분되었지만, 경우에 따라서는 시파와 벽파로 양분되기도 했다. 시파와 벽파는 새로운 당색이 아니라 각 당마다 존재했다. 노론에도, 소론에도, 남인에도 시파·벽파가 있었다. 그러나 각 당의 시파와 벽파가 결코 본래의 당색을 초월해 결집한 것은 아니었다. 따라서 엄밀히 말하면 시파와 벽파는 정파도, 당파도 아니었다.

시파와 벽파를 어떤 세력이라고 한마디로 규정하기는 어렵다. 신임의리와 임오의리에 대한 인식 문제와 정조의 정국 운영에 대한 동조 여부가 미묘하게 연관되어 있기 때문이다. 그렇지만 대체로 시파는 사도세자의 죽음을 동정하면서 정조의 정국 운영에 동조한 세력을 말하며, 벽파는 사도세자의 죽음을 당연시하면서 정조의 정국 운영에 동조하지 않은 세력이라 할 수 있다. 즉 시파는 친정조 세력이고, 벽파는 반정조 세력이다. 시파의 연원은 영조 후반의 부홍파·북당에 있었고, 벽파의 연원은 공홍파·남당이었다.

시파와 벽파가 당파적인 성격으로 등장한 것은 1784년(정조 8) 6월부터였다. 이때는 소론 서명선이 주도권을 잡고 있었다. 김종수를 대표로 하는 노론 청명당(淸名黨: 노론 척신당을 비판하던 청류)은 홍국영의 비호 속에 정조 초반 정국을 주도했지만, 홍국영이 실각되자 위세가 크게 떨어진 상태였다. 정조는 서명선을 통해 부홍파와 공홍파 모두를 견제하는 한편 자신의 입장에 동조하는 시파를 결집시켰다. 그러자 노론 청명당의 불만은 더욱 커졌다. 그리고 서명선 계열뿐만 아니라 자신들에게 동조하지 않는 노론도 시파로 지목하며 대립하기 시작했다.

시파와 벽파의 대립이 한층 가시화된 때는 1788년(정조 12)이었다. 이때 정조는 노론 김치인(金致仁), 소론 이성원(李性源), 남인 채제공을 삼정승에 임명하는 실로 획기적 인사를 단행했다. 정조의 표현대로 이는 "붕당이 생긴 이래로 처음 있는 일"이었다. 그런데 정국의 주도권은 김종수·김치인의 노론 청명당이 차지했고, 이에 서명선이 반발하면서 양파 간의 대립이 더욱 심화되었다.

이러한 시파와 벽파의 대립에도 정조는 시파 준론을 중심으로 의리탕평을 어느 정도 궤도에 올려놓았다. 또한 권력 구조를 개선해 전랑통청권을 혁파하고, 재상의 권한을 강화했다. 문체반정을 통해 군주를 중심으로 하는 학풍도 진작시켰다. 그리고 규장각을 통해 친위 세력 양성에 박차를 가하는 한편, 지방 유림을 포섭하는 데도 소홀하지 않았다. 이는 모두 왕권 강화를 위한 노력이었다. 이런 와중에 발족된 노론·소론·남인의 삼상 체제는 탕평과 왕권에 대한 강한 자신감에서 비롯된 것이었다.

이렇게 남인 채제공이 주도하고 노론 시파가 재상직을 독점하는 시파 우위의 정국이 유지되면서 벽파는 점차 위축되었다. 여기서 주목할 사실은 김치인·김종수가 벽파로 지목되어 종전까지 불분명하던 벽파의 실체가 확인되었다는 점이다. 이제 시파·벽파의 문제는 노론 내부의 갈등을 넘어 정국 운영에 영향을 미치기 시작했다. 그리고 1791년(정조 15)부터 채제공의 독상(獨相: 한 사람이 삼정승 자리를 모두 차지함) 체제가 3년간 지속되면서 벽파의 불만이 고조되었다.

정조의 왕권 강화 노력

정조는 왕권 강화를 위한 강력한 개혁 정책을 실천해나갔다. 1788년(정조 12)에 친위 군영인 장용영을 설치하고, 이듬해인 1789년(정조 13)에 영우원(永祐園: 사도세자의 묘)을 새롭게 단장한 것이 시작이었다.

정조는 군주가 군권을 일괄 통제해야 한다고 생각했다. 이는 왕권 강화에 필수 요건이기도 했다. 이런 의미에서 장용영 설치는 중요했다. 규장각이 정조의 친위 세력을 양성하기 위한 기관이라면, 장용영은 정조 정권을 유지·강화하기 위한 무력 기반이었다. 외척의 위협 속에서 즉위한 정조였기에 누구보다 친위군의 필요성을 절감했다.

즉위 초반에 정조는 숙위 체제를 강화하는 차원에서 숙위소를 설치했다. 그리고 숙위대장에는 친위 세력의 대표 홍국영을 임명했다. 숙위소는 궁궐의 숙위는 물론 도성을 수비하고 오군영까지 총괄하면서도, 병조·오위도총부에 소속되지 않은 군주 직할의 독자적인 기구로 부상했다. 그러나 숙위소는 홍국영과 운명을 같이했다. 정조가 홍국영을 축출하면서 숙위소도 혁파했던 것이다.

숙위소를 혁파한 정조는 숙위 체제를 개선해 장용위(壯勇衛)를 신설했다. 1782년(정조 6)에 무예와 통솔력을 지닌 엘리트 무관 30명으로 출발한 장용위는, 1787년(정조 11)에는 50명으로 인원이 보강되면서 장용청(壯勇廳)으로 승격되었다. 그리고 이듬해인 1788년(정조 12)에 장용청이 장용영으로 개편되었다. 장용영은 정조의 관심과 지원 속에서 규모가 꾸준히 확대되다가, 1793년(정조 17)에는 장용내영·장용외영으로 분리되었다. 내영은 수도 방위를 위해 한성부에 설치되었는데, 정조는 내영보다는 외영 육성에 주안점을 두었다.

한편 1789년(정조 13) 7월, 정조는 박명원(朴明源)의 건의를 받아들여 양주(지금의 동대문구 전농동) 배봉산(拜峰山)에 위치한 영우원을 이장한다고 공식적으로 발표했다. 이장지는 수원의 화산(花山)으로 결정되었다. 화산은 800여 개의 봉우리가 하나의 산을 둥그렇게 에워싸며 보호하고 있어, 형세가 마치 꽃송이와 같다고 해서 붙여진 이름이다. 이장지로 화산 외에도 여러 곳이 내정되어 있었다. 그런데 정조는 군이 화산을 고집했다.

좁고 초라한 모습이었던 영우원은 이제 용이 여의주를 희롱하는 형국인 화산으로 옮겨지게 되었다. 정조는 영우원을 더할 나위 없는 '복룡대지(伏龍大地)'에 모시고 왕릉에 버금가는 수준의 규모와 양식으로 치장했다. 명칭도 영우원에서 "현부(顯父)를 융성하게 높인다"는 의미의 현륭원(顯隆園)으로 변경했다. 또한 정조는 사도세자의 행장인 「현륭원행장」을 손수 지어 아버지의 학문과 덕행을 찬양하고 자신의 정치 포부를 밝혔다.

당초 신료들은 현륭원 이장에 별다른 의구심을 갖지 않았다. 그저 효심에서 비롯된 것이라고만 생각했다. 그러나 이는 착각이었다. 정조는 임오화변 당시 세자를 변호하다 화를 당한 대사헌 한광조(韓光肇)에게 충정(忠貞)의 시호를 내렸다. 이는 사도세자의 정당성을 간접적으로 천명하는 것이었다.

사실 정조의 본심은 '화성(華城) 경영'에 있었다. 정조는 화성을 친위 지역으로 조성해 개혁의 본산으로 삼으려고 했다. 현륭원 이장은 탕평과 왕권 강화에 대한 자신감의 표출인 동시에 화성 경영에 대한 가능성을 타진하는 과정이었다.

신해통공

이러한 가능성 타진에는 경제 개혁도 포함되어 있었다. 1791년(정조 15) 6월, 정조는 채제공의 주장을 전폭적으로 수용해 육의전을 제외한 모든 시전의 금난전권(禁亂廛權)을 혁파하고 개인 상인의 자유로운 상행위를 보장했다. 이를 신해통공(辛亥通共)이라고 한다.

금난전권은 육의전과 시전 상인에게 부여된 전매 특권이었다. 원래는 육의전에 한정되었으나 재정적인 곤란을 타개하려는 정부의 의도 때문에 점차 시전에까지 확대되었다. 이 점에서 금난전권은 정부와 시전의 상호 필요에 의해 성립된 제도였다.

그러나 18세기 이후 시전이 증가하면서 금난전권의 폐단이 드러났다. 금난전권이 소상인 몰락, 상품 유통 지연, 물가 폭등의 원인으로 작용했기 때문이다. 이에 경종·영조 대를 거치는 동안 시정책이 다각도로 모색되었다. 1764년(영조 40), 영조는 시전 상인들에게 금난전권 폐지에 대해 물어보았는데, 당연히 상인들은 반대했다.

결국 금난전권 문제는 정조의 숙제로 넘겨졌다. 그리고 채제공의 경륜과 정치력에 힘입어 신해통공이라는 결실을 맺게 된 것이다.

그러나 신해통공은 단순한 상업 정책이 아니었다. 여기에는 정조와 채제공의 정치적인 의도가 강하게 반영되어 있었다. 정조와 그의 친위 세력은 시전의 상권을 억제해 사회적 문제를 해결하고 정치 목적을 달성하고자 했다. 당시 금난전권을 보유한 일부 특권 상인들은 노론 벌열과 깊이 연결되어 있었다.

따라서 탕평을 추구하는 정조의 입장에서는 노론과 특권 상인의 관계 차단이 필요했다. 이는 '왕권을 통한 집중화'라는 탕평의 원리와도 부합하는 것이었다. 나아가 정책은 대부분 청남의 영수 채제공이 입안했다는 점만 봐도 신해통공이 노론을 견제하려는 정책이었음을 분명하게 알 수 있다.

또한 신해통공은 '화성 경영'과도 밀접하게 관련되었다. 현실적으로 금난전권이 존재하는 한 화성 상권은 위축될 수밖에 없었다. 사실상 금난전권은 서울의 경계를 넘어 인근 시장에까지 적용되고 있었기 때문이다. 이 점은 수원도 예외일 수 없었다. 화성 경영이라는 원대한 포부가 있었던 정조는 금난전권으로 수원 경제가 위축되는 상황을 방관할 수는 없었던 것이다.

영남 만인소

1792년(정조 16) 윤4월, 영남 유생 1만 57명이 연명해 사도세자의 죄를 신원하고 그를 모해한 무리를 처벌해야 한다는 「상소」를 올렸다. 「상소」는 사도세자 30주기에 즈음해 계획적으로 추진되었다. 이에 사도세자에 대한 의리 문제, 즉 임오의리가 정국 운영의 현안으로 제기되었다.

「만인소」에 참여한 유생은 대부분 남인 출신으로 이들은 숙종 대의 갑술환국 이후 정계에서 배제되었으며, 관계 진출 또한 거의 불가능한 상태였다. 특히 무신란 이후로는 반역의 고장으로 낙인 찍혀 영남 유림은 중앙의 감시 대상이 되었다. 이들에게는 서울 나들이조차 쉽게 허락되지 않았다.

그런 이들에게 남인 채제공이 우의정에 발탁된 일은 오랜 가뭄 끝에 내리는 단비와도 같았다. 줄곧 칩거해온 영남 남인은 한껏 고무되어 자신들의 억울함을 호소하기 위한 행동에 나섰다. 무신란 때 반란군에 항거해 공을 세우거나 순사한 안동 등 13개 고을 유림의 행적을 기록해 상소하기로 한 것이다. 이들은 당시 이인좌의 끈질긴 포섭에도 끝까지 굴하지 않았던 사람들이다. 그러나 그에 대한 보상은커녕 영남 전 지역이 반역의 고장으로 낙인찍히는 바람에 부당한 대우를 받아야 했다.

무신란이 발발한 지 60주년이 되는 1788년(정조 12), 한 무리의 영남 유림이 「무신창의록(戊申倡義錄)」을 가지고 상경했다. 이들은 「상소」를 올리기 위해 대궐 앞에 무릎 꿇고 엎드렸다. 그러나 당시 승정원에는 노론이 포진하고 있었기 때문에 이들의 「상소」는 받아들여지지 않았다. 그래도 이들은 물러나지 않고 6개월 동안 서울에 머물며 기회를 기다렸다.

그해 11월 5일, 마침내 소두(疏頭: 「상소문」에 맨 처음 이름을 적은 사람) 이진동(李鎭東)과 유림 5~6명이 왕의 효창묘 행행(行幸)을 틈타 간신히 상언할 수 있게 되었다. 이들이 사관에게 올린 책자를 밤새워 읽은 정조는 책자에 수록된 인사들에 대한 포상과 책자 간행을 지시했다. 또한 이진동을 비롯한 영남 유림을 접견하고 손수 「교서」를 써주면서 격려했다. 오랜 세월 암흑의 시기를 보낸 영남 유림이 드디어 빛을 보게 된 순간이었다. 여기에는 영남을 자신의 외곽 지원 세력으로 확보하고자 하는 정조의 의도가 있었다.

한편 정조는 1792년(정조 16) 3월, 이황의 제사를 모시는 도산서원에서 영남 유림을 위한 별시를 열도록 특별 명령을 내렸다. 영남 끌어안기의 일환이었다. 이날 과장에 입장한 유생의 수가 7,000명이 넘었고, 제출된 시권(試券: 시험 답안지)도 3,600여 장에 이르렀다. 채점도 정조가 직접 해서 강세백(姜世白)과 김희락(金熙洛)을 급제시켰다. 또한 이날의 시사(試士)를 기념해 과장이 설치되었던 곳에 시사단(試士壇)도 세웠다. 사도세자의 신원을 요구하는 「영남 만인소」는 이러한 배경 속에서 올린 것이었다.

이로 인해 시파와 벽파의 대립은 더욱 심해졌다. 정조는 당연히 시파를 두둔하고 싶었지만, 영조의 의리를 중시하는 세력을 무조건 외면할 수도 없었다. 이는 자신이 추구하는 탕평의 본질이기도 했다. 그래서 벽파 김종수를 공격한 우의정 박종악(朴宗岳)을 파직하고 김종수에 대해서는 우호적인 입장을 취했다. 그러나 정조는 신료를 소집한 자리에서 영조가 임오화변을 애통하게 여겼다는 사실을 강조했다. 이것은 소극적이나마 임오의리를 천명한 것이었다.

즉위 초 정조는 노론의 반발을 무마하고 정국을 안정시키기 위해 사도세자의 신원 문제 거론을 철저히 금지시킨 바 있었다. 당시 정조에게는 섣부른 신원이 아닌 착실하게 왕권을 다지는 일이 진정한 효도였다. 그러나 이제는 사정이 달라졌다. 이러한 정조의 태도 변화는 벽파를 요동시켰다.

결국 「영남 만인소」는 임오의리를 정쟁의 핵심으로 부각시켰을 뿐만 아니라 노론 청명당을 시파와 벽파로 양분시키는 결정적인 계기가 되었다. 이때 시파로 지목된 대표적인 인물은 박준원(朴準源)·김조순이었다. 특히 김조순은 후일 안동 김 씨 세도 정권의 주체였다는 점에서 주목된다.

화성 축조

1793년(정조 17) 5월, 영의정 채제공이 "사도세자를 신원해야만 정조의 왕권이 천양된다"는 「상소」를 올려 일대 파란을 일으켰다.

"전하께서 속히 천토(天討)를 거행하시어 사도세자의 무함 입은 것을 깨끗이 씻어내는 일이야말로 비록 성인에게 질정해보더라도 어찌 의심의 여지가 있겠습니까. 아, 당시 여러 역적의 참소와 무함 가운데도 세자를 일러 화리(貨利)와 성색(聲色)을 탐한다는 말과 말달리며 사냥하기나 즐긴다는 말을 만들어낸 경우는 그 죄가 참으로 하늘에 사무친 것입니다. 그런데도 전하께서 이를 선왕조에 속한 일이라 하여 꾹 참고 발설하지 않으신 것은 그런 대로 할 말이 있을 수 있겠습니다"

『정조실록』37권, 정조 17년 5월 28일

정조의 정치력으로 사태가 수습되기는 했지만, 노론 중에서 신임의리를 고수하는 세력은 이를 계기로 벽파의 색채를 더욱 선명히 드러냈다.

그해에 정조는 수원에 장용외영을 설치했다. 외영은 3,000여 명의 상비군과 비상시에 동원되는 수성군으로 구성되었다. 서울의 내영을 월등히 능가하는 규모였다. 외영 설치의 명분은 현륭원을 호위하고 행궁을 수호하는 데 있었다. 그러나 이는 표면적인 이유에 불과했고, 사실상 외영은 전위(傳位: 후계자에게 왕위를 물려줌) 이후를 대비한 친위 군영이자 무력의 본산이었다.

정조는 외영 설치와 함께 수원의 명칭을 '화성'으로 고치고, 동시에 유수부(留守府: 유수를 장관으로 하는 지방 행정 구역 중 하나, 주로 군사적인 의도로 설치)로 승격시켰다. 정조는 군복을 착용하고 군사의 호위를 받으며 수원으로 행차해 친위 군영인 장용영의 위용을 과시했다.

이어 1794년(정조 18), 정조는 화성 축조 계획을 발표했다. 마침 사도세자와 혜경궁 홍 씨가 육순이 되는 해였다. 1월 13일, 현륭원을 참배한 정조는 신료의 만류에도 재실에서 하룻밤을 뜬눈으로 지새웠다. 비명에 죽은 아버지에 대한 감회 때문이었다. 다음 날 행궁으로 돌아온 정조는 신하들을 이끌고 팔달산에 올랐다. 이 자리에서 정조는 화성 축조에 대해서 밝혔다. 화성을 친위 지역으로 삼으려는 정조의 포부가 마침내 실현 단계에 접어든 것이다.

화성 축성 논의가 최초로 제기된 것은 1790년(정조 14) 6월이었다. 당시 부사직이던 강유(姜游)가 수원이 총융청의 외영이며 현륭원이 있는 곳이라는 이유를 들어 축성을 건의했다. 1791년(정조 15)에는 사직 신기경(愼基慶)이 축성의 필요성을 다시 강조했다.

그러나 실제로 화성 축조의 계기를 마련한 인물은 정조의 측근인 채제공이었다. 1793년(정조 17) 수원유수로 파견된 채제공은 그해 5월, 축성 방안을 본격적으로 건의했다. 사실 채제공은 수원이 화성으로 승격되고 장용외영이 설치될 때, 이미 정조의 화성 축조 의중을 간파하고 있었다. 축성과 관련해 1792년(정조 16)에 정약용이 올린 「성제(城制)」도 채제공과 무관한 것은 아니었다. 채제공과 정약용은 기호 남인의 핵심 세력으로 평소에 교류가 깊었다. 그리고 마침내 정조가 용단을 내려 1794년(정조 18) 벽두에 화성 축조를 명했다.

당초 화성 축조는 10년 계획으로 추진되었다. 예상 경비는 약 40~50만 냥이었고, 축성의 기법은 유형원(柳馨遠)이 지은 『반계수록(磻溪隨錄)』에 제시된 내용을 충실히 반영했다. 유형원은 100년 전에 이미 수도 외곽의 방어 차원에서 수원성의 필요성을 강조한 실학자였다. 그의 선견지명에 감탄한 정조는 유형원을 이조참판과 성균관 좨주로 추증했다.

정조가 공사 기간을 10년으로 계획하고 추진한 이유는 그 사이에 왕권의 기틀을 확실하게 다진 다음 세자에게 왕위를 물려줄 생각이었기 때문이다. 화성이 완성되면 상왕으로 물러나 그곳에 머무를 계획이었다. 예상 시기는 갑자년, 즉 1804년이었다.

이처럼 정조가 전위를 계획한 것은 바로 아버지인 사도세자 때문이었다. 정조는 사도세자를 추숭해 억울하게 죽은 아버지의 한을 달래고 싶었다. 그러나 "나의 처분을 지키라"는 영조의 부탁을 저버릴 수도 없었다. 정조의 고뇌가 바로 여기에 있었다. 은혜와 의리의 기로에서 고민하던 정조는 대안으로 전위를 구상한 것이다. 새롭게 왕위에 오른 이가 사도세자를 추숭한다면, 모든 혐의는 반감될 수 있었다.

그사이 시파와 벽파의 대립은 새로운 국면을 맞이하게 되었다. 1795년(정조 19)에 김종수가 물러나고 심환지(沈煥之)가 벽파의 영수가 되었다. 그러면서 노론의 중도파가 벽파에 합류했다. 중도파였다가 벽파로 합류한 대표적인 인물로는 이서구(李書九)를 들 수 있다.

이 시기의 정국은 친왕 세력과 반왕 세력으로 양분된 가운데 친왕 세력이 주도권을 확보하고 있었다. 그러나 정조가 장용외영을 설치하고 화성 축조를 통해 화성 경영의 가능성을 내비치자, 정국은 극도로 경색되었다. 벽파는 반왕·반개혁적 성향을 노골적으로 드러내며 정조와 대립했다. 한편 정국이 경색되자 정치적인 입장을 바꾸는 인물도 속출했다.

화성은 당초 예상과는 달리 공사가 급속도로 진행되어, 2년 6개월 만인 1796년(정조 20)에 완공되었다. 성곽의 둘레는 약 6킬로미터였으며, 37만여 명의 인원이 동원되고, 약 90만 냥의 경비가 지출된 대역사였다. 현륭원 이장 이후 7년 만에 이룩한 쾌거였다. 즉위 20년에 즈음해 대역사를 완공한 정조는 그해 10월 16일 성대한 낙성연을 열었다. 화성 축조를 기념하고 신민과 더불어 기쁨을 함께하기 위해서였다.

남인 재상 채제공

　정조 개혁 정책의 실행자이자 동반자 채제공은 노론 일색의 조정에서 탁월한 행정력을 발휘했다. 채제공은 1720년(숙종 46)에 지중추부사 채응일(蔡膺一)의 아들로 태어났다. 어릴 때부터 영민해 1735년(영조 11)에 16세의 나이로 향시에 합격했고, 1743년(영조 19)에는 문과에 급제해 승문원 권지부정자에 임명되었다.

　채제공은 본래 남인 청류 지도자인 오광운·강박(姜樸)에게서 학문을 배웠다. 그런 그가 벼슬길에 오를 수 있었던 것은 당파를 뛰어넘어 인재를 등용하려던 영조의 탕평책이 작용했기 때문이다. 덕분에 그는 한림학사를 거쳐 암행어사·승정원 도승지 등 주요 관직을 역임할 수 있었다. 채제공은 남인이었지만 당색을 잘 드러내지 않았고, 이런 점이 영조에게 신뢰를 얻어 세손(정조) 교육을 맡을 수 있었다. 이렇게 시작된 정조와 채제공의 인연은 정조 재임 기간 내내 이어졌고, 채제공은 정조의 신임 속에 과감히 개혁 정책을 이끌어갔다.

　사실상 영조로부터 정조의 뒤를 봐줄 후견인으로 지목된 채제공은 정조에게 큰 힘이 되었다. 정조는 왕이 된 후에도 생부를 죽인 무리에 둘러싸인 외로운 처지였다. 그런 정조가 믿을 사람은 채제공밖에 없었다. 1777년(정조 1) 홍계희 계열의 자객이 왕을 시해하기 위해 궁궐에 침입했던 위급한 상황에서도 정조는 채제공에게 궁궐을 수비하는 수궁대장을 맡겼다.

채제공은 사도세자의 죽음을 억울해하는 정조의 심정을 누구보다 잘 알고 있었다. 그래서 그는 정조가 외척 세력을 비롯해 김상로·홍계희 등 사도세자의 죽음에 책임이 있는 자들을 처단할 때 병조판서 겸 판의금부사로 있으면서 옥사를 단행했다.

한편 채제공은 여러 해 독상을 지낸 것으로 유명하다. 『실록』에서는 다음과 같이 기록하고 있다.

> 무신년에는 어필(御筆)로 친히 그에게 정승을 제수하고 인하여 윤음(綸音)을 내려 제신들을 밝게 하유함으로써 감히 다시는 다투지 않았다. 이로부터 은우(恩遇)가 날로 융숭해졌고, 그사이에 또 독상도 수년을 지냈으니, 대체로 백 년 이래 처음 있는 일이었다.
>
> 『정조실록』51권, 정조 23년 1월 18일

이는 탁월한 행정력과 왕의 신임이 없으면 불가능한 일이었다. 채제공은 1788년(정조 12)에 우의정에 임명되고 2년 후에 좌의정으로 승진했으며, 이후 1791년(정조 15)부터 3년간 독상으로 조정을 이끌었다.

채제공은 자신과 다른 당파도 적대시하지 않았고 여러 당파의 인재를 능력에 따라 공평하게 기용했다. 정약용이나 박제가(朴齊家) 등 재야 실학자를 중용해 조선 후기 학문을 꽃피우게 한 것도 그의 공이다. 또한 당시에는 이단으로 취급했던 서학도 무조건 배척하기보다는 이해하고 교화시키고자 했다. 노론은 정조의 개혁 정책에 불안을 느끼고 있었다. 채제공은 이들의 불만 또한 무마시키기 위해 애썼다.

1793년(정조 17), 채제공은 73세의 노령으로 영의정에 올랐다. 이때 그는 「상소」를 올려 사도세자의 죽음에 대한 원수를 갚기 위해 노론에 책임을 물어야 한다고 주장해 파란을 일으키기도 했다. 그는 1798년(정조 22)에 사직한 뒤 이듬해 세상을 떠났다.

화성 설계자 정약용

1762년(영조 38) 6월 16일, 정약용은 경기도 광주(지금의 남양주)에서 진주목사 정재원(丁載遠)과 어머니 해남 윤 씨의 4남 2녀 중 넷째 아들로 태어났다. 그가 태어나기 얼마 전인 윤 5월 21일, 사도세자가 뒤주에 갇혀 죽었다. 이때 정재원은 벼슬을 버리고 고향으로 돌아갔다. 정약용의 자는 귀농(歸農)·미용(美庸)이요, 호는 사암(俟菴)·다산(茶山)·열수(洌水) 등이었으며, 당호로는 여유당(與猶堂)이었다.

어려서부터 기억력이 뛰어났던 정약용은 1783년(정조 7)에 생원이 된 후 출세가도를 달려 벼슬이 승지에 이르렀다. 일찍이 규장각에 들어가 정조로부터 무한한 칭찬과 사랑을 받았다. 그러자 시기하고 미워하는 자가 많이 생겼다. 그는 「탕론(湯論)」이라는 글에서 민주주의 선거 제도와 비슷한 주장을 펴기도 했으며, 「전론(田論)」에서는 집단 농장제의 형태를 제안하기도 했다. 또한 「기예론(技藝論)」에서는 시대가 흐르면 지식이 진보되고 기술이 발달한다는 진보 사관을 피력했다.

과학 기술에도 일가견이 있어 1789년(정조 13) 한강의 주교(舟橋) 공사를 맡아 마무리했고, 1793년(정조 17)에는 화성 설계를 직접 담당해 공사를 마무리했다. 이때 그가 고안한 거중기가 사용되었다.

정약용은 1801년(순조 1) 신유박해 때 강진으로 귀양을 가 19년 동안 유배 생활을 했다. 그는 유배 중에 천하고금의 이치를 깊이 연구했다. 아울러 국가가 당면한 민생 문제와 경제 문제에 대해서 근원과 결과를 깊이 연구해 세상에 쓸모 있는 학문을 이룩했다. 이러한 그의 학문은 실학의 근원이 되었다.

정약용의 학문은 너무나 깊고 방대해 한마디로 말하기 어렵다. 그는 문장과 학문을 겸비한 위대한 학자였다. 그는 시를 쓰면서 "조선 사람인만큼, 조선의 시법으로써, 조선시를 쓰겠다"고 설파했다. 정조에게 사랑받은 시기에는 시상이 모두 유려하고 세상을 깨우치는 것이었다. 그러나 신유박해 이후 유배 기간에 쓴 작품들은 슬픔과 고초의 정이 역력하게 드러나 있다. 특히 그는 사회를 고발하는 사회시를 많이 썼다.

정약용의 수많은 저서 가운데 가장 대표적인 것은 1표 2서로 『경세유표(經世遺表)』 『목민심서(牧民心書)』 『흠흠신서(欽欽新書)』 등 3권의 책이다. 『경세유표』는 관직 제도, 군현 제도, 전제 등 국가를 경영하는 전반적인 문제를 다룬 책이고, 『목민심서』는 백성을 다스리는 목민관이 반드시 알아야 할 내용을 담고 있다. 『흠흠신서』는 재판에 관련된 내용으로 소송을 담당하는 관료라면 누구든지 참조하던 책이었다. 뿐만 아니라 정약용은 의학에도 조예가 깊어 『마과회통(麻科會通)』을 지었다. 그는 당시 최고의 명의로 순조와 효명세자가 병으로 위독할 때 진찰에 참여하기도 했다. 이때 세상에서는 그의 의학이 서양 의학을 배운 것이라 말하기도 했다. 이러한 그의 학문적인 업적은 유형원·이익(李瀷)의 학문을 계승해 더욱 확대 발전시킨 것이었다.

정약용은 1836년(헌종 2) 75세의 나이로 고향 마재에서 세상을 떴다. 위대한 학문 업적에도 남인이라는 정치적인 약점 때문에 당대에는 그의 학문과 사상이 담긴 저서가 단 한 권도 공개적으로 간행되지 못했다. 다만 그가 저술한 『목민심서』와 『흠흠신서』는 당파를 떠나서 벼슬아치들의 필독서처럼 여겨져 수많은 필사본이 유행하기도 했다.

군주도통론

치세 후반기에 접어든 정조는 마치 철혈 군주 같았다. '만천명월주인옹(萬川明月主人翁)'이라는 자호는 바로 강력한 왕권에 대한 자신감의 표현이었다. 정조에게 지난 20년은 군주의 권위를 다지고, 군주를 정점으로 국론을 통일하는 데 매진한 세월이었다. 규장각, 초계문신 제도는 왕권 강화를 위한 구체적인 노력이었다.

이런 선상에서 정조는 '군주도통론'에 입각해 의리의 주인을 자처했다. 이는 "산림이 아닌 군주가 의리를 주관한다"는 논리로 인조 이래의 산림도통론을 정면으로 부정하는 것이었다.

정조는 산림의 정치 참여에 대해서 부정적이었다. 정조의 눈에 비친 산림의 의리는 편협한 당색 의리에 불과했다. 이들은 정치 운영에 비효율적인 존재로 궁극적으로는 통제와 제제의 대상이었다. 정조가 산림의 학문·정치적 비중을 축소시키는 데 부심한 이유도 여기에 있었다.

물론 정조도 초반에는 집권 명분을 강화하고 지지 세력을 포섭하기 위해 송덕상·한계증(韓啓增)·이상정(李象靖) 등 산림을 중용했다. 특히 송덕상을 등용한 일은 친노론 정책의 일환으로 취한 조처였다. 그는 노론의 정신적인 지주 송시열의 후손으로 호서 사림의 영수였기 때문이다.

그러나 학식이 미약하고 정치 수완이 부족했던 송덕상은 시종일관 홍국영에게 조종당했다. 더욱이 홍국영의 패망과 함께 그도 역절(逆節: 역적과 관련된 범죄)에 연루되어 몰락하고 말았다. 사실 송덕상이 몰락한 이유는 정조의 교묘한 정치술 때문이었다.

이때 정조는 산림무용론을 강하게 시사하며 산림의 정치적인 폐단, 학문적인 허구성을 예리하게 지적했다. 이런 상황에서 산림의 정치·학문적인 기능 약화는 시대적인 대세로 여겨졌다.

이제 산림의 권위와 역할은 정조의 차지가 되었다. 이런 상황에서 군사(君師)의 논리를 바탕으로 군주가 사문의 정통이라는 군주도통론이 자연스럽게 정립되어갔다. 1796년(정조 20), 정조가 제갈공명의 사당을 건립하고 문묘배향을 제안한 사실에서 당시의 정황을 감지할 수 있다.

군주도통론은 김인후(金麟厚)의 문묘종사를 계기로 더욱 구체화되었다. 정조가 김인후의 종사를 추진한 것은 조헌(趙憲)과 김집의 종사를 건의한 노론의 주장을 제어하기 위해서였다. 그리고 김인후의 배향 기준을 도학으로 규정함으로써 절의론을 철저히 배격했다.

결국 김인후의 종사는 탈당파적인 인물 존숭(尊崇), 절의론 폐기, 노론 정통론 희석을 보여준 조처였다. 더욱이 이 과정에 산림의 의리보다 군주의 의리가 강조되면서 정조가 군주도통론을 강화할 수 있는 실질적인 계기가 마련되었다.

이때 정조는 노론 산림 김종수에게 "내 임금이 바로 내 스승이요, 오늘날 사림의 영수는 주상이다"라는 발언을 받아내기도 했다. 그러나 이 모든 고압적인 행위는 송환기(宋煥箕)를 중심으로 하는 노론이 정조에게 등을 돌리는 원인이 되기도 했다.

정조의 군주도통론은 점차 '군주가 세도의 최고 권위자'라는 단계로까지 발전했다. 이렇게 볼 때, 군주도통론은 한마디로 황극(皇極) 논리에 바탕을 둔 왕권 강화 이념이었다. 줄기찬 노력의 결과, 정조는 이런 목적을 어느 정도 달성할 수 있었다. 그러나 이것은 어디까지나 제한적이었다. 정조는 군주도통론을 통해 자신의 절대화에는 성공했지만, 왕권의 절대화는 이루지 못했다. 정조의 태도에 대한 신료들의 반발도 만만치 않았으며, 반발은 말년으로 갈수록 더욱 거세졌다.

오회연교

1800년(정조 24) 5월 그믐, 경연에 나온 정조는 이른바 '오회 연교'를 발표했다. 오회연교란 '5월 그믐날 경연에서 내린 하교'를 말한다. 여기서 정조는 탕평을 추진한 자신의 통치 원칙을 자세하게 밝히는 한편, 임오의리를 공개적으로 천명했다.

오회연교의 요지는 두 가지였다. 먼저 정조는 정치 원칙이 시대가 흐르면 변할 수 있다는 사실을 환기시켰다. 이는 영조의 처분에 기반을 둔 노론의 정치 원칙을 부정하는 동시에 정계 개편을 암시하는 말이었다.

다른 하나는 임오의리 문제였다. 신임의리가 영조의 족쇄였다면, 임오의리는 정조의 족쇄였다. 이와 관련해 정조는 "임오의리를 천명하되 관련자를 처벌하지 않고, 임오의리 때문에 신임의리를 번복하지 않는다"는 두 가지 조건을 제시했다. 사도세자를 모해한 공홍파의 행동은 역적에 관련된 죄가 분명하지만, 지금이라도 지난날의 과오를 시인하고 고개를 숙인다면 용서하겠다는 말이었다. 따라서 이는 타협이라기보다 일방적이고 노골적인 강요였다.

현륭원 이장, 장용영 강화, 화성 축조는 정조에게 강한 자신감을 심어주었다. 정조는 여세를 몰아 1794년(정조 18) 12월에 벽파의 영수 김종수를 강제로 은퇴시켰다. 항간에는 이 시기에 사도세자의 모해자를 제거하려 한다는 '친위 쿠데타설'과 '수원 천도설'이 떠돌고 있었다. 뿐만 아니라 정조가 의리주인을 자처하며 군주도통론을 주장하자, 노론 벽파의 의구심은 더욱 깊어 갔다.

이 무렵 벽파는 정조의 측근이자 남인의 영수인 채제공을 그냥 두지 않았다. 벽파의 맹공을 더 이상 견딜 수 없었던 채제공은 1798년(정조 22) 6월 「사직소」를 제출하고 말았다. 이에 판세는 역전되어, 그해 8월 이병모(李秉模)·심환지를 정점으로 하는 벽파 정권이 수립되었다. 정조의 입장에서는 불가피한 선택이었다.

그리고 1799년(정조 23) 3월, 정조는 경모궁(景慕宮)을 참배한 다음 「전교」 형식으로 임오의리를 다시금 천명했다. 이때 정조는 신하들이 이를 수용하지 않으면 환궁하지 않겠다고 으름장을 놓기까지 했다. 벽파의 영수 심환지가 이를 수용해 정조의 의지는 일단 관철되었다.

그러나 이 일을 계기로 벽파는 정조에게 완전히 등을 돌렸다. 송치규(宋穉圭) 등 산림은 출사를 거부했고, 심환지는 현륭원 이장과 화성 축조를 정면으로 비난하는 한편, 신임의리 강화를 요구했다. 심지어 초계문신이 정조의 친시를 거부하는 사태도 발생했다. 뿐만 아니라 벽파는 천주교 신봉 혐의를 들어 정조가 차세대 재상으로 지목한 남인의 영수 이가환(李家

煥)을 거세게 공격했다. 이는 남인의 기세를 누르고 벽파 정권을 수립하기 위한 사전 작업이었다.

실로 총체적인 난국이었다. 조정에도, 재야에도 반왕 세력이 움직이는 세상이었다. 정조의 친위 세력이자 초계문신 출신인 우의정 이시수(李時秀)가 있었으나, 난국을 타개하기에는 역부족이었다. 이에 정조는 특단의 조처를 내렸는데, 이것이 바로 오회연교였다. 이러한 점에서 오회연교는 총체적인 난국을 수습하고 왕권을 재확립하기 위한 궁여지책이었다.

벽파에게 오회연교는 일종의 '투항을 강요하는 명령서'였다. 노론의 정치 원칙을 부정하고 정계 개편을 단행할 수도 있다는 말은 이가환을 정점으로 하는 남인 강경파가 부상한다는 것을 암시했다. 또한 임오년의 잘못을 시인하면 용서해줄 수 있다는 말은 사도세자에게 반역을 범한 이상 자신에게 대항하지 말고 순종하라는 뜻이었다.

예상대로 벽파의 반발은 거셌다. 한때 시파에서 벽파로 전향한 이서구는 정조의 제의를 정면으로 거부했다. 임오의리와 신임의리를 구분할 수 있다는 말은 정조의 교묘한 술책에 지나지 않는다고 강력히 비난했다. 그러나 정조는 이서구를 문책하지 않았다. 더 이상 반발이 일어나지 않도록 하기 위해서였다. 다만 우회적인 방법으로 벽파를 다그치기 시작했다.

공교롭게도 이때 김이재(金履載)가 상소해 우의정 이시수를 비난한 일이 있었다. 정조는 반드시 배후 조종자가 있다고 판단해 3일 안에 자수할 것을 종용했다. 그러나 3일이 지나도 자수하는 자가 없자, 정조는 그로부터 4일 후 심환지를 불러 마지막으로 단호하게 경고했다. 그러나 그로부터 12일 후 정조가 49세의 나이로 급작스럽게 사망하자 모든 상황은 종료되고 말았다.

무수한 의혹을 남긴 정조의 죽음

정조의 사망은 무수한 의혹을 남겼다. 특히 남인 사이에서는 정조 독살설이 공공연하게 유포되었다. 심지어 경상도 인동(지금의 구미)에서는 관청에 나가 시위하는 사람도 있었다고 한다. 정약용도 『여유당전서(與猶堂全書)』에서 이 사건을 언급하면서 독살설을 강하게 암시할 정도였다.

남인은 오회연교의 내용 중에서도 "의리는 시대에 따라 달라질 수 있고, 재상을 임용할 때는 반드시 8년 정도 시련을 준 다음에야 8년을 믿고 등용할 수 있다"는 대목에 주목했다. 이 논리를 따른다면 차기 재상은 남인인 이가환·정약용이었다. 의리를 목숨처럼 여기던 노론 벽파가 위협을 느낀 것은 당연했다. 자신들의 의리를 고수하는 데 정조가 장애가 되었던 것이다. 정조와 노론은 서로를 용납할 수 없었고, 정조의 독살설은 이러한 정황에 기인했다.

정조의 죽음은 탕평의 종말인 동시에 벽파 정권의 시작이었다. 정조가 죽자 어린 순조가 즉위하고, 벽파의 후원자인 정순왕후가 수렴청정하게 되었다. 정권은 다시 벽파에게로 돌아갔다. 벽파는 정조의 탕평책을 무산시키고 정조 세력의 제거에 나섰다. 또한 정조의 권력 기반이었던 장용영도 혁파되었다.

정조의 시호는 문성무열성인장효왕(文成武烈聖仁莊孝王)이고, 능은 경기도 화성군에 위치한 건릉(健陵)이다.

큰 글자로 읽는 세상의 모든 지식
〈살림지식총서〉

이성무 (hellohal@hanmail.net)

서울대학교 문리대 사학과를 졸업하고, 동 대학원 사학과를 거쳐 국사학과에서 문학박사 학위를 받았다. 국민대학교와 한국정신문화연구원 한국학대학원 교수로 있으면서 미국 하버드대학교 옌칭연구소 연구교수와 독일 튀빙겐대학교 객원교수를 역임했다. 정신문화연구원 부원장, 연세대학교 용재석좌교수를 지냈고, 국사편찬위원회 위원장을 거쳐 현재 대한민국학술원 회원, 남명학연구원장, 한국역사문화연구원장, 한국학중앙연구원 명예교수로 있다.

저서로는 『조선왕조실록(전6권)』을 비롯해 『조선시대 당쟁사』 『재상열전』 『명장열전』 『조선을 만든 사람들』 『조선국왕전』 『조선은 어떻게 부정부패를 막았을까』 『영의정의 경륜』 『선비평전』 『방촌 황희 평전』 『한국의 과거 제도』 『조선 초기 양반 연구』 『조선의 사회와 사상』 『조선 양반 사회 연구』 『한국 역사의 이해(전7권)』 『다시 보는 한국사』(공저) 등 다수가 있다.

큰글자 살림지식총서 164

조선왕조실록 4 인조~정조 편

펴낸날	초판 1쇄 2021년 12월 31일

지은이	이성무
펴낸이	심만수
펴낸곳	(주)살림출판사
출판등록	1989년 11월 1일 제9-210호

주소	경기도 파주시 광인사길 30
전화	031-955-1350 팩스 031-624-1356
홈페이지	http://www.sallimbooks.com
이메일	book@sallimbooks.com

ISBN	978-89-522-4358-4 04080
	978-89-522-3549-7 04080 (세트)

※ 이 책은 살림지식총서 526 『조선왕조실록 4』를
　큰 글자로 만든 것입니다.
※ 이 책은 큰 글자가 읽기 편한 독자들을 위해
　글자 크기 14포인트, 4×6배판으로 제작되었습니다.